新能源汽车系列规划教材

汽车电力驱动系统任务驱动合集

赵振宁　赵宏涛　主　编

龚政强　杨舒乐　陈和娟　副主编

李春明　主　审

電子工業出版社

Publishing House of Electronics Industry

北京 · BEIJING

内容简介

本书是《汽车电力驱动系统构造》和《汽车电力驱动系统检修》的任务驱动合集，需要配合《汽车电力驱动系统构造》和《汽车电力驱动系统检修》两本主教材，实现理论与实践的练习强化。

本书由百慕大汽车技术视频网（www.bmdcar.com）提供作者的全套讲解视频和后台资源。

本书可作为高等职业院校汽车检测与维修、汽车电子技术、新能源汽车技术等汽车类专业教材的课上或课下学习辅助练习手册。

图书在版编目（CIP）数据

汽车电力驱动系统任务驱动合集 / 赵振宁，赵宏涛主编. —北京：电子工业出版社，2018.2

ISBN 978-7-121-33146-6

Ⅰ. ①汽… Ⅱ. ①赵… ②赵… Ⅲ. ①汽车—电气系统—结构—高等职业教育—教材②汽车—电气系统—车辆修理—高等职业教育—教材 Ⅳ. ①U472.41

中国版本图书馆 CIP 数据核字（2017）第 298617 号

策划编辑：程超群
责任编辑：徐　萍
印　　刷：北京盛通印刷股份有限公司
装　　订：北京盛通印刷股份有限公司
出版发行：电子工业出版社
　　　　　北京市海淀区万寿路 173 信箱　邮编　100036
开　　本：787×1 092　1/16　印张：17.25　字数：442 千字
版　　次：2018 年 2 月第 1 版
印　　次：2018 年 12月第 2 次印刷
定　　价：42.00 元

凡所购买电子工业出版社图书有缺损问题，请向购买书店调换。若书店售缺，请与本社发行部联系，联系及邮购电话：（010）88254888，88258888。

质量投诉请发邮件至 zlts@phei.com.cn，盗版侵权举报请发邮件至 dbqq@phei.com.cn。

本书咨询联系方式：（010）88254577，ccq@phei.com.cn。

前　言

在教学中我们发现以下几个现象：

一是学生课堂上没有记笔记的习惯。当然，这与教学中大量采用 PPT 教学有关，PPT 教学中学生是很难记笔记的，所以教师应少用 PPT 教学方式，多用边拆边讲的教学方式来吸引学生，将理论和实践融合在边拆边讲中，加强过程考核，例如能说出、能画出、能操作等。

二是学生课上和课下没有练习的习惯。教师在这方面是有责任的，职业教育和学历教育有所不同，学历教育老师经常带领学生练习。职业教育在理论上也要加强引导，课上教师强化当时学的内容，课下学生要自己强化当天学习的内容，所以需要理论部分的任务驱动。任务驱动合集的好处是紧贴教材，避免任务的随机性，任务由学生自主根据老师的教学进度来完成，有计划性。在学习过程中，任务完成情况有据可查，有积累性。

当然，任务形式也不限于我们的任务驱动合集，采用上交一段视频，或用办公软件上交任务也是一种不错的方法，只是任务的布置有时会过于随机，因为这种任务通常是老师灵感一现后给出的。

三是在实训阶段，教师口头布置任务，不能充分发挥学生自己的能动性，甚至有些学生在实训完以后对布置的任务是什么都不是很清楚。实训中的任务驱动有利于学生明确任务，老师和学生可在完成任务时学习到要学习的内容，同时也容易发现不足。

本书是《汽车电力驱动系统构造》和《汽车电力驱动系统检修》的任务驱动合集，需要配合《汽车电力驱动系统构造》和《汽车电力驱动系统检修》两本主教材，实现理论与实践的练习强化。本书中的图序、表序，均沿用两本主教材中的图序、表序。

本书主要由长春汽车工业高等专科学校教师赵振宁组织编写，其中长春汽车工业高等专科学校赵宏涛老师编写了《汽车电力驱动系统构造》部分的第 1 章、第 2 章和第 3 章，江西万通职业技术学院龚政强老师编写了《汽车电力驱动系统检修》部分的第 1 章和第 2 章，长春汽车工业高等专科学校杨舒乐老师编写了《汽车电力驱动系统构造》部分的第 5 章和第 6 章，无锡商业职业技术学院陈和娟老师编写了《汽车电力驱动系统检修》部分的第 3 章和第 4 章，其余各章由赵振宁编写。全书由长春汽车工业高等专科学校校长李春明教授担任主审，在此对李校长表示感谢。

编　者

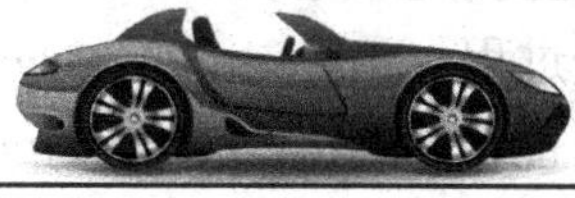

目　录

《汽车电力驱动系统构造》

《汽车电力驱动系统检修》

《汽车电力驱动系统构造》

·第1章·

新能源汽车发展史

1.1 纯电动汽车历史

1886年，__________发明了以内燃机为动力的汽车，不过电动车却比内燃机动力汽车有更长的历史。电动车的历史可追溯到1834年，那一年_____________制造了一辆电动三轮车，它由一组不可充电的干电池驱动，只能行驶一小段距离。第一辆以可充电池为动力的电动车于1881年在法国巴黎出现，它是法国工程师__________装配的以铅酸电池为动力的三轮车。

从____世纪末期到____世纪初期，这是电动车的黄金时期。不过，电动车的黄金时代并没有持续太久，20世纪_____年代后，内燃机技术达到了一个新水平，在这种背景下，电动车很快失去了存在的意义，在_______年左右电动车基本上就从欧美汽车市场中消失了。

_______年爆发的中东石油危机令全世界陷入石油短缺的境地，人们又开始关注其他动力的汽车，电动车再一次进入了人们的视线中。20世纪_____年代至_____年代，日本和美国的汽车厂家生产了一系列电动车。

经过几十年的发展，虽然屡次出现机会，但是直到21世纪初期电动车没有再现19世纪末期至20世纪初期的辉煌。根源在于它不仅________相对较高、______麻烦、保养成本______，而且其电池________低造成的续航里程短和充电便利性差是一个严重的问题，这些弱点严重阻碍了电动车的普及。

1.2 混合动力汽车发展史

第一辆混合动力汽车是出现在纯电动汽车诞生的近______年后。令人惊讶的是，它所采用的工作原理，直到今天仍被用于最新型的混合动力车甚至是概念车上。

混合动力车的历史要追溯到 1900 年，世界第一辆混合动力车________在当年诞生。它的设计来自 25 岁的________，这个年轻人未来将作为第一代大众______的设计师。

在“罗尼尔-保时捷”上，费迪南德采用了______混合动力，由汽油发动机作为发电机提供能量，安装在前轮内的两个______提供驱动力。

在混合动力技术的奠基者中，还应该记住的一个名字是_______，一位德国工程师和发明家。他在 1902 年左右发明了_______混合动力，甚至开发出了配套的早期动力管理系统。

奥迪在 1989 年展出了在______Avent Quattro 基础上研发的 Duo 实验车。

20 世纪 90 年代中期，苦心钻研的_______终于修成正果，EV1——世界上第一辆现代意义上的量产电动汽车在 1996 年上市。

1997 年第一代_________上市，只在日本市场发售，少量被出口到英国、澳大利亚和新西兰。迄今为止全球最畅销的混合动力车就此诞生。

1.3 燃料电池汽车发展史

1．国外燃料电池汽车发展

燃料电池的原理由德国化学家_______于 1838 年提出，并刊登在当时著名的科学杂志上。基于尚班的理论，英国物理学家____________于 1839 年 2 月把理论证明刊登于哲学杂志与科学杂志上，其后又把燃料电池设计草图刊登出来。当时的设计类似于现今的磷酸燃料电池。

1991 年，_______发明了世界上首个用于汽车的氢-氧燃料电池。

1993 年加拿大________公司研制出世界上第一辆燃料电池公共汽车。

戴姆勒汽车公司是世界上最大的________电动汽车厂商之一。

目前，燃料电池汽车样车开发和示范运行都已证明其技术的可行性，但要达到实用化还面临着很多的挑战，主要因为：

（1）____

（2）____

（3）____

2．燃料电池快速发展阶段

据衣宝廉院士介绍，从国际上来看，氢燃料电池车到目前为止分为三个发展阶段。

第一阶段为 1990—2005 年，发现____。

第二阶段是 2005—2012 年，解决了______________________________________。

第三阶段是 2012 年到现在，是____________________________________阶段。

3．国内燃料电池汽车发展

在国家公布的《____________________》重点技术领域技术路线图中，关于新能源汽车发展规划中提到，到2020年要实现燃料电池关键材料批量化生产的质量控制和保证能力。

五大建议促使氢燃料电池汽车产业化：

（1）____

（2）____

（3）____

（4）____

（5）____

针对国内氢燃料电池汽车市场化上述五个建议，衣宝廉院士详细解释如下：

第一是____

第二是____

第三是____

第四是____

第五是____

· 第 2 章 ·

新能源汽车简介

2.1 什么是新能源汽车

1. 新能源汽车定义

我国 2009 年 7 月 1 日正式实施了《____________________》，明确指出：新能源汽车是指采用非常规的车用燃料作为动力来源（或使用常规的车用燃料，但采用新型车载动力装置），综合车辆的动力控制和驱动方面的先进技术，形成的技术原理先进、具有新技术和新结构的汽车。

新能源汽车包括__________、__________、__________、__________等。

（1）电动汽车

电动汽车包括__________、__________和__________汽车。

（2）气体燃料汽车

气体燃料汽车包括____________、____________、____________和____________。

（3）生物燃料汽车

生物燃料汽车指燃用__________或__________的汽车，目前主要包括__________和__________。

（4）氢燃料汽车

氢燃料汽车是以__________作为主要能量驱动的汽车。氢气内燃机在汽车上的应用方式又有三种：__________、__________、__________。

2. 什么是电动汽车

配置__________，行驶的里程中__________或__________由电机驱动完成的汽车统称为电动汽车，电动汽车包括纯电动汽车、混合动力电动汽车和燃料电池电动汽车三种类型。

（1）纯电动汽车

纯电动汽车的英文是____________________，简称BEV。

（2）混合动力电动汽车

混合动力电动汽车是指使用__________和__________联合驱动的汽车。

（3）燃料电池电动汽车

燃料电池电动汽车是利用__________和空气中的__________在催化剂的作用下、在燃料电池中经电化学反应产生的电能驱动的汽车。

2.2 我国新能源汽车的发展

1. 电动汽车发展的社会环境

（1）____

（2）____

（3）____

（4）____

2. 发展电动汽车的社会效益和环境效益

（1）____

（2）____

（3）____

3. 中国电动/混动系统发展趋势

美国能源部下属的________实验室（Argonne National Laboratory）的评估报告显示了电动汽车的生产成本。

4. 我国新能源汽车发展现状

（1）汽车销售和市场格局

① 汽车销售。

在国家对新能源汽车政策的扶持下，我国纯电动汽车产量逐年增长，2012 年产量为______辆，2013 年产量为________辆。

② 市场格局。

2014 年销售的新能源汽车中，乘用车占比_____%，客车占_____%，货车和其他乘用车占____%。

（2）未来 5 年和 20 年市场前景预测

① 未来 5 年前景预测。

据中国市场调研网发布的《中国新能源汽车行业发展监测分析与市场前景预测报告

（2015—2020 年）》显示，2014 年产销增长最多的新能源汽车是__________汽车。

② 未来 20 年前景预测。

在未来的 20 年内，________和________仍是汽车主要的能量来源，________汽车和________汽车会率先大规模投入使用。

2.3 电动汽车补贴政策

1．新能源汽车补贴

2013 年 9 月出台的《关于继续开展新能源汽车推广应用工作的通知》中，对混合动力公交客车没有补助，而只对纯电动客车和插电式混合动力客车给予补助。

① 车长 6～8m 的电动客车补助________万元，车长 8～10m 的电动客车补助_______万元。

② 车长 10m 以上的电动客车补助_______万元，插电式混合动力车补助________万元。

③ 对超级电容器、钛酸锂快充电动客车补助________万元。

④ 对燃料电池乘用车和商用车补助分别为________万元和________万元。

⑤ 对纯电动专用车（邮政、物流、环卫等），以蓄电池能量（每千瓦小时补助 2000 元）给与补助，每辆车不超过________万元。这是《通知》中专门列出对纯电动专用车给予补助。

2014 年新能源汽车补贴标准：按四部委 2013 年 9 月 13 日出台的政策，纯电动乘用车等 2014 年和 2015 年的补助标准将在 2013 年标准基础上下降________%和________%。但新标准调整为：2014 年在 2013 年标准基础上下降________%，2015 年在 2013 年标准基础上下降________%，从 2014 年 1 月 1 日起开始执行。

2．有资格获得新能源汽车补贴的新能源汽车

（1）国家补贴

“符合要求”是指新能源车辆需要进入《______________________________》，而进入该目录的车型是从列入国家工信部《________________________________》中挑选出来的，只有自主、合资等国产车型才会被列入这一公告中。

国家补贴和城市有关。如果满足________或________的条件，可编制新能源汽车推广应用实施方案提交四部委，择优确定示范城市名单。也就是说，只有进入示范名单的城市才可以获得国家补贴。

（2）地方补贴

理论上，可以获得__________的新能源车，自然也会得到地方政府补贴。

·第3章·

储 能 装 置

3.1 储能装置的性能

1．储能装置的类型

电动汽车上的电能储能方式有________储能和________储能两种。

化学储能指________的化学电池和________的燃料电池两种，主要包括________电池、________电池、________电池等。物理储能方式指________储能和________储能两种。

完成表 3-1。

表 3-1　各种单体储能装置的性能指标比较

项目	超级电容	铅酸蓄电池	镍镉电池	镍氢电池	锂离子电池	燃料电池
充电时间						
充放电次数						
工作电流						
记忆效应						
自放电（每月）						
质量能量密度（W·h/kg）						
功率密度（W/kg）						
安全性						
环境						

2．蓄电池的性能指标

（1）电压（V）

完成表 3-2。

表 3-2 不同电池电动势

电池	铅酸电池	镍镉电池	镍氢电池	锰钴锂	磷酸铁锂	钠硫电池
电压						

（2）电池容量（A·h）

① 理论容量。

根据蓄电池活性物质的特性，按法拉第定律计算出的最高理论值一般用质量容量________或体积容量________来表示。

② 荷电状态（SOC）。

荷电状态（____________，SOC）反映的是电池实际存贮电荷与电池当前能存贮的最多电荷之比，常用百分数表示。SOC=1 表示电池为充满状态。随着蓄电池放电，蓄电池的电荷逐渐减少，可以用 SOC 的百分数的相对量来表示蓄电池中电荷的变化状态。一般蓄电池放电高效率区为________～________的 SOC。

（3）能量（W·h、kW·h）

电池的能量决定电动汽车的行驶距离，单位是________，也称________。

① 比能量（W·h/kg）：

____

____

② 能量密度（W·h/L）：

____

____

（4）功率（W、kW）

① 比功率（W/kg）：

____

____

② 功率密度（W/L）：

____

____

（5）电池的内阻

____

____

____

（6）循环次数（次）

____

____

____

____

（7）使用年限（年）

____

（8）放电速率（放电率）

一般用电池在放电时的时间或放电电流与额定电流的比例来表示。

① 放电时率：______________________________

② 放电倍率：______________________________

（9）自放电率

____

3. 电动汽车对电池的要求

（1）比能量大

比能量是保证混合动力汽车能够达到基本合理的行驶里程的重要因素，连续 2h 放电率的比能量至少不低于_______W·h/kg。

（2）充电时间短

蓄电池对充电技术没有特殊要求，它能够实现感应充电。蓄电池的正常充电时间应小于_______h，蓄电池能够适应快速充电的要求，蓄电池快速充电达到额定容量的 50%的时间为_______min 左右。

（3）连续放电率高

蓄电池能够适应快速放电的要求，连续_______h 放电率可以达到额定容量的 70%左右。

（4）自放电率低

自放电率要_______，以保证蓄电池能够长期存放。

（5）运行环境要求

蓄电池能够在常温条件下正常稳定地工作，不受环境温度的影响，不需要特殊_______和_______热管理系统，能够适应混合动力汽车行驶时振动的要求。

（6）安全可靠

蓄电池应干燥、洁净，电解质不会_________接线柱和外壳。

（7）其他

寿命长、免维修、制造成本低。蓄电池的循环寿命不低于_______次，在使用寿命限定期间内，不需要进行维护和修理。

3.2 铅酸蓄电池

铅酸蓄电池理论比能量为 175.5W·h/kg，实际比能量为_____W·h/kg，能量密度是

____W·h/L。铅酸蓄电池的低速电动汽车不是新能源汽车，但做混合动力汽车的电源还是可以的。

1. 铅酸蓄电池的特点

____

____

____

2. 铅酸蓄电池的种类

（1）启动铅酸蓄电池特点

____

____

（2）动力铅酸蓄电池特点

____

____

3. 铅酸蓄电池构造

见图 3-1，完成填空。

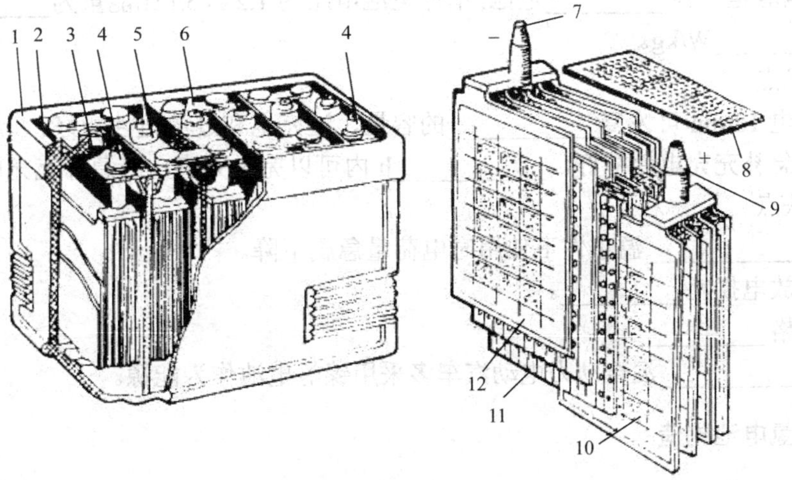

图 3–1 普通铅酸蓄电池构造

1：________；2：________；3：________；4：________；
5：________；6：________；7：________；8：________；
9：________；10：________；11：________；12：________。

4. 铅酸蓄电池原理

（1）启动铅酸蓄电池

启动铅酸蓄电池的放电和充电的反应方程式为

____

____

单体铅酸蓄电池的电压为______V，在使用或存放一段时间后，电池的电压可能降低到______V以下，或H_2SO_4溶液的密度下降到______g/cm^3时，铅酸蓄电池就必须充电，如果电压继续下降，铅酸蓄电池将会损坏。

（2）动力铅酸蓄电池

动力铅酸蓄电池通常采用______________________________

____

____

3.3 镍基电池

1．镍氢电池

（1）镍氢电池简介

镍氢电池是一种________电池，单体电池电压为1.2V，3h比能量为________W·h/kg，比功率为_______W/kg。

（2）优点

① 充电18min可恢复__________的容量，过充电和过放电性能好。

② 应急补充充电性能好，__________h内可以完全充满，应急补充充电的时间短。

（3）缺点

① 在__________温条件下使用时电荷量急剧下降。

② 自放电损耗________。

③ 价格_________。

目前__________混合动力电动汽车多采用镍氢电池作为能源。

2．镍氢电池构造

镍氢电池正极是活性物质___________，负极是________，用________作为电解质。

3．工作原理

____

____

____

____

4．镍氢特性

（1）放电特性

____

（2）充电特性

____

5．镍氢电池车型

（1）本田车系
本田车系电池特点：

____

（2）丰田车系
丰田车系电池特点：

____

3.4 锂离子电池

1．锂离子电池简介

__________混合动力和__________混合动力是全世界最先采用这种高效蓄电池技术的混合动力车型。

2. 普通锂电池

目前市场上的锂离子电池正极材料主要是__________（$LiCoO_2$），另外还有少数采取__________（$LiMn_2O_4$）和__________（$LiNiO_2$）及__________[Li（NiCo）O_2]作为正极材料的锂离子电池。

普通锂电池的优点：

① 普通单体电池工作电压高达__________V；

② 重量轻，比能量大，高达__________W·h/Kg。

3. 磷酸铁锂

1997年美国人发现__________（$LiFePO_4$）模型。

磷酸铁锂电池的优点如下。

① 高效率输出：

标准放电为________C，连续高电流放电可达__________C，瞬间脉冲放电（10s）可达________C。

② 高温时性能良好：

外部温度__________时内部温度高达________，电池放电结束时温度可达__________，电池的结构安全、完好。

4. 锂离子电池的工作原理

____

____

____

5. 其他前沿技术

（1）____

（2）____

（3）____

3.5 钠硫电池

钠硫电池经热反应后所产生的理论能量密度为 786W·h/kg，实际能量密度为________W·h/kg。

1. 钠硫电池简介

钠硫电池英文为____________________。

2. 工作原理

____

____

____

____

3.6 超级电容

1. 超级电容简介

超级电容器又叫________电容或________电容，它通过极化电解质来储能，属于________电容的一种。超级电容一般使用__________电极材料，具有吸附面积大、静电储存多的特点。

2. 储能原理

超级电容器电极采用多孔化电极，使用_______炭粉、_______炭和________纤维，电解液采用_______电解质。

3. 电容电极

（1）____

（2）____

（3）____

4. 超级电容应用

目前超级电容被广泛应用到新能源汽车中，用作_________、_________、_________时的辅助动力。

3.7 飞轮电池

1. 飞轮电池简介

美国_________系统公司（AFS）已经生产出了以__________LHS 轿车为原形的飞轮电池轿车 AFS20，这是一种完全由飞轮电池供电的电动汽车。它由________节飞轮电池驱动，每节电池直径 230mm，质量为 13.64kg，电池用市电充电需要________h，而快速充电只需要 15min，一次充电行驶路程可达 560km。从 0 加速到 96km/h，只需要________s，其寿命超过________万千米。

2．基本原理

3．性能优越

4．核心技术

目前，飞轮储能技术取得突破性进展是基于下述三项技术的飞速发展：

（1）

（2）

（3）

5．轴承技术

飞轮的先进支承方式主要有超导磁悬浮、永磁悬浮、电磁悬浮。

（1）

（2）

（3）

6．飞轮电池应用

典型代表为__________（Porsche）911 GT3 R Hybrid 油电混合动力车。

3.8 储能装置复合结构

采用蓄电池、燃料电池、超级电容和飞轮电池等可构成 6 种典型的电动汽车。

（1）________________

（2）________________

（3）________________

（4）________________

（5）________________

（6）________________

·第 4 章·

蓄电池管理系统

4.1 电池管理系统功能

电池管理系统简称 BMS，是______________________的缩写，在生产和售后服务资料中多称为______________________。

1. 电池串联

（1）大容量单体电池容易产生____

____

____

（2）电池的性能____

____

____

2. 电池成组问题

电池成组后主要的问题有以下几个方面。

（1）过充/过放

____

____

____

（2）过大电流

____

____

____

（3）温度过高

（4）短路或者漏电

3．电池管理系统的功能

BMS 的功能是要避免电池成组后出现的问题，因此需要动态监测动力电池组的工作状态，为此要利用电池电压、电流和温度进行管理。

（1）输入信号

① 电压。

② 温度。

③ 电流。

（2）输出控制

① 充电机控制。

② SOC 仪表。

4.2 丰田电池管理系统

1. 系统主要部件

第二代丰田普锐斯的电池箱结构如图 4-1 所示。

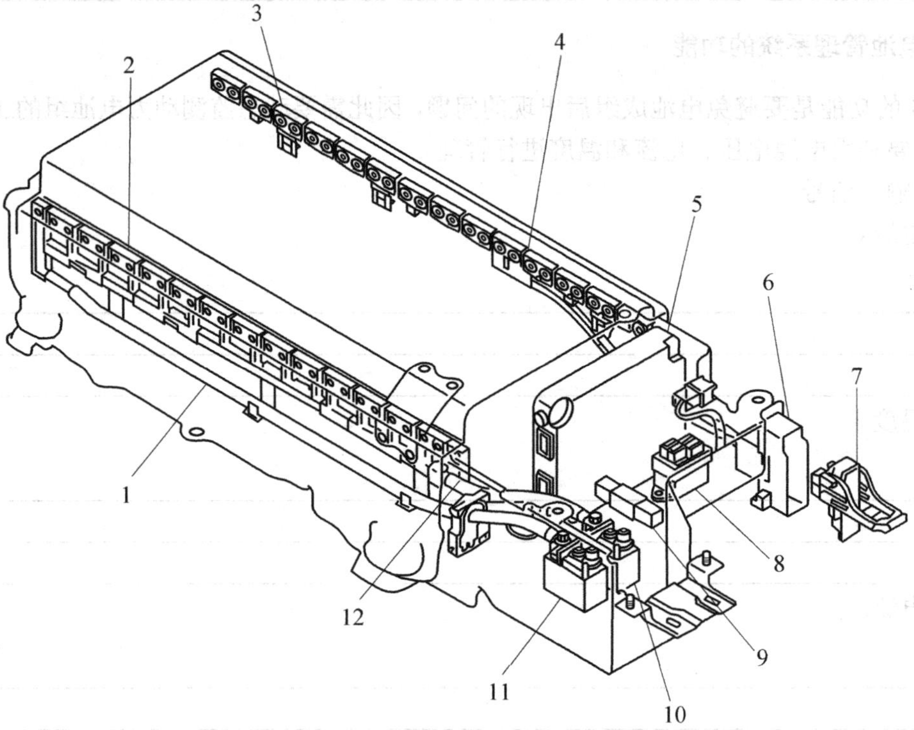

图 4–1 丰田普锐斯高压电池箱部件名称和位置

1：＿＿＿＿＿＿；2：＿＿＿＿＿＿；3：＿＿＿＿＿＿；4：＿＿＿＿＿＿；
5：＿＿＿＿＿＿；6：＿＿＿＿＿＿；7：＿＿＿＿＿＿；8：＿＿＿＿＿＿；
9：＿＿＿＿＿＿；10：＿＿＿＿＿＿；11：＿＿＿＿＿＿；12：＿＿＿＿＿＿。

2. 电池管理系统网络结构

蓄电池 ECU 使用 CAN（控制器区域网络）保持与混合动力车辆控制 ECU、ECM 和空调放大器间的通信（见图 4-2）。

完成图 4-2。

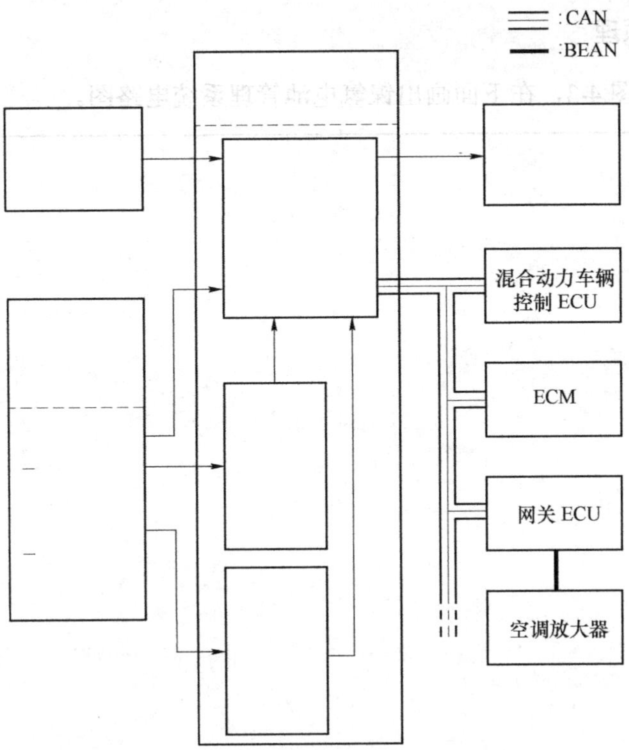

图 4–2 丰田普锐斯电池管理系统通信网络

3. 系统控制

（1）HV 蓄电池总成管理和安全保护功能

① ______________________________

____

____

② ______________________________

____

____

（2）蓄电池鼓风机电机控制

____

____

____

（3）MIL 故障灯控制

____

____

____

4．系统工作原理

根据主教材中图 4-3，在下面画出镍氢电池管理系统电路图。

4.3 电池管理系统技术

1. SOC 的估算方法

（1）安时法（电流积分）

____

____

____

（2）开路电压法 OCV

____

____

____

（3）直流内阻法

____

____

____

2. 动力电池组的安全管理

动力电池组管理系统要承担______________的全面管理，一方面保证动力电池组的正常运作，显示动力电池组的动态信息，并能及时报警，使驾驶员随时都能掌握动力电池组的情况；另一方面要对人身和______________进行保护，避免因电池引起的各种事故。

3. 电池箱热管理系统

汽车上使用的动力电池组在工作时都会有发热现象，不同蓄电池的发热程度各不相同，有的蓄电池在夏季采用自然通风即可满足电池组的散热要求，但有的蓄电池则必须采取______________来进行冷却，才能保证电池组正常工作并延长蓄电池的寿命。

4. 电池组均衡方法

多节动力电池组的均衡控制有三种方法，分别是单体充电均衡、充放电联合均衡和动态均衡。

（1）充电均衡

（2）充放电联合均衡

（3）动态均衡

5．电池均衡技术

电池均衡归纳起来有以下几种方法：分流法（旁路法）、切断法和并联法。

（1）分流法（旁路法）

（2）切断法

（3）并联法

·第5章·

电动汽车电机

5.1 电动汽车电机简介

1．电机种类

电机根据电源的幅值和频率是否变化分为________电机和________电机两种。

2．驱动电机

驱动电机是电源的特征__________不发生变化的电机，其工作机械特性只取决于__________的大小。

3．控制电机

控制电机是电源一定是________，经变频器控制后输出________和________发生变化的电机，其工作机械特性不仅取决于__________的大小，也取决于__________。

4．电动汽车对电机的要求

（1）过载能力要强

____

____

____

（2）基速比要大

____

____

____

（3）设计目标要求高

____

____

____

（4）功率密度要高

____

____

____

（5）可控性要好

____

____

____

（6）工作环境差

____

____

____

5.2 永磁同步直流无刷电机

在电动汽车电机中，永磁无刷电机因其效率高（在______%以上），大于感应电机，是高、中、低档电动轿车中优先采用的电机。

1. 永磁无刷电机的优点

汽车永磁电机按有无换向电刷可分为两类：__________电机和__________电机。根据输入电机接线端的交流波形，永磁无刷电机可分为__________和__________。

2. 直流电机模型

由于换向器和电刷的存在，换向时换流容量过大，会烧毁______和______，严重时换向器上出现______，有刷电机的功率一般在______以内，换向器引起转矩波动，并限制了电机的转速，而电刷带来______与______。

对于电动汽车功率，需要从______到______，只能采用电力电子换向的__________或__________无刷电机，由于同步无刷扭矩输出更平稳，轿车使用同步无刷电机。

直流电机之所以称为直流电机是因为电源是__________电，交流电机之所以称为交流电机是因为电源是__________电，无论是直流电机还是交流电机其线圈内部电流方向都是

_______的。可见有刷电机工作的条件是，线圈能在_________处使电流换向，电机就能顺利转动下去。

3. 三相直流无刷电机

（1）三相原始电机基本结构

画出主教材中的图5-2。

（2）加倍降波动

画出主教材中的图5-3。

5.3 三相逆变过程

电机的扭矩控制本质是两个要素的控制，第一是________开关管导通；第二是开关管________（电角度）是多少。

1. 变频器

画出主教材中的图 5-4。

2. 电流导通方式

按照功率管的通电方式可分为“_______导通（120°导通）”和“_______导通（180°导通）”两种控制方式。

（1）两两导通

根据图 5-5 写出“两两导通”的工作原理。

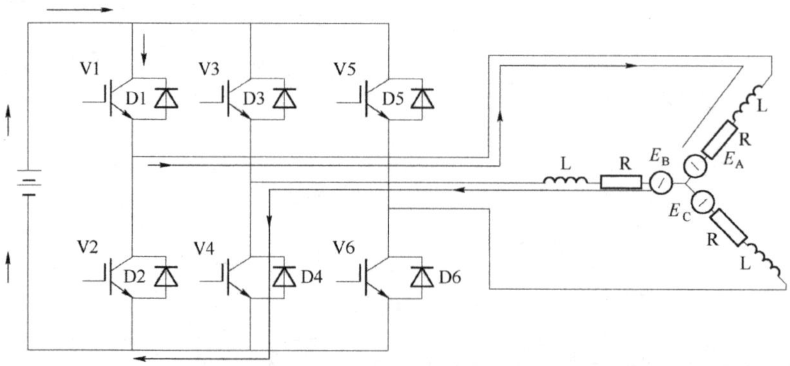

图 5–5　电机定子的“两两导通”控制方式（IGBT 管换流）

（2）三三导通

根据图 5-6 写出电机定子的“三三通电”控制工作原理。

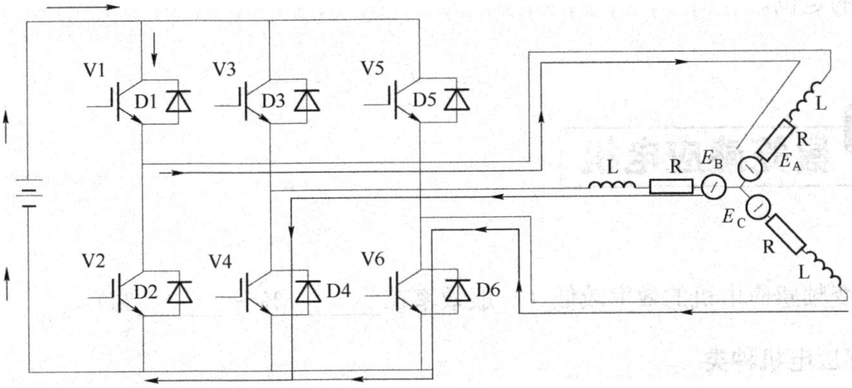

图 5–6　电机定子的“三三通电”控制方式（IGBT 管换流）

5.4 电机解角传感器

1．电机转子初始角

电机转子位置传感器分为____________型和____________型两种。

2．转子转速和位置识别

（1）有位置传感器型

安装时转子位置传感器有____________，可能造成不正确的导通角，不正确的导通角偏差会引起电机额外的损耗。

通常位置和速度类传感器的种类一般有霍尔式、电磁式、光电式、磁敏式、旋转变压器五种。从抗温度影响、抗污染、抗振动方面考虑，目前__________式和__________式有着广泛的应用，特别是__________式的应用更广泛。

（2）无位置传感器型

三段式启动法：电机静止时转子停留的位置决定了逆变器第一次应触发哪两个功率管，而在没有位置传感器时判断转子初始位置很复杂。可以先让逆变器__________两相导通，并控制电机电流，通电一段时间后，转子就会转到与该导通状态相对应的一个__________，完成转子的定位。

5.5 鼠笼感应电机

汽车变频感应电机的效率较低（一般效率在______%～______%）。

1. 感应电机种类

交流感应电机有两种类型，即绕线转子式电机和______式电机。

由于绕线式感应电机成本高、需要维护、缺乏坚固性，因而没有鼠笼式感应电机应用广泛，或者说在电动汽车的电力驱动中________应用。

鼠笼式感应电机简称________电机。感应电机驱动除了具有无换向器电机驱动的共同优点外，还具有成本低、坚固等优点。这些优点超过了其控制复杂的缺点，推动了感应电机在电动汽车驱动中的广泛应用。

2. 感应电机结构

交流感应电机的结构分为______结构、______结构、______端子结构三部分，有的还加入了风扇。

（1）定子结构

定子铁芯采用更薄的________叠成，电机定子线圈的________要高，电机的电压等级需合理地采用______电压和______电流的电机设计，以降低________的成本和体积。铸铝或铸铁机壳内部采用水套，制成______电机。采用铸铝机座来减小电机总重量，定子壳体密封要好，以防止________。

（2）感应电机定子接线端子

感应电机的接线端子有______星形和______三角形两种。

电动汽车感应电机作为电动汽车电机时，接线端子仅有 U、V、W 三个，不会有__________线。

（3）转子结构

① 转子铁芯也由薄硅钢片叠加而成，以减少______损；

② 由于电机转速较工业电机高，所以要求转子的________要高，同时轴承质量要好。

3. 汽车变频电机铭牌

根据图 5-10 所示，填写下列空白。

YCVF250L-4C 中 Y 表示 Y 系列鼠笼式异步电机（YR 表示绕线式异步电机），VF 为______电机，250 表示________为 250mm，L 表示________（______表示中机座，______表示短机座），4 表示______电机。

图 5-10 电动汽车三相异步电机铭牌

1. 额定功率是多少：__________；2. 额定电压是多少：__________________；
3. 额定电流是多少：__________；4. 额定频率是多少：__________________；
5. 额定转速是多少：__________；6. 接法：________________________；
7. 绝缘等级：________________；8. 工作制：______________________；
9. 重量：____________________。

·第 6 章·

电力电子变换

6.1 电力开关元件

电力开关元件的种类：

① ________________电力晶体管（GTR 巨型晶体管）；

② _______________电力场效应晶体管（PMOSFET）；

③ _________________________绝缘栅极双极型晶体管（IGBT）；

④ __________________________智能功率模块（IPM）。

1．电力晶体管（GTR）

电力晶体管（Giant Transistor，GTR）是一种耐___________、___________的双极结型晶体管（_______________，BJT），所以有时也称为 Power BJT，但其驱动电路复杂，驱动功率大。GTR 和普通双极结型晶体管（电子学中的三极管）的工作原理是_________。

GTR 有 C（_____________）、B（____________）、E（___________）三个电极，在 GTR 的 BE 两极间加超过开启电压后形成一个小电流，则在 CE 间有大电流流过，是用电流来放大电流的器件，放大倍数用 β 表示。

2．电力场效应管（PMOSFET）

电力场效应晶体管有 3 个端子：D（___________）、G（___________）、S（___________）三个极。当漏极 D 接电源正极、源极 S 接电源负极时，栅极 G 和源极 S 之间电压为零，沟道不导电，管子处于截止状态。如果使 U_{GS} 大于或等于管子的开启电压，在栅极 G 和源极 S 之间加一正向电压 U_{GS}，则管子导通，在 DS 极间流过电流 I_D，且 U_{GS} 超过开启电压越大，导电能力越强，漏极电流越大，输出放大用输出电流比输入电压，为电阻的倒数，称为___________，单位是 S（___________）。

电力场效应管的保护措施：电力场效应管的绝缘层易被击穿是它的致命弱点，栅源电压一般不得超过±__________V，因此，在应用时必须采用相应的保护措施。通常有以下几种：

（1）防静电击穿

（2）防偶然性震荡损坏

（3）防栅极过电压

（4）防漏极过电流

3．绝缘栅极双极型晶体管（IGBT）

（1）IGBT 结构

IGBT 有 C（__________）、G（__________）、E（__________）三个极，工作原理是在 IGBT 的 GE 间施加一个电压，则在 CE 间有大电流流过，所以 IGBT 是电压放大电流的器件。

IGBT 是通过__________驱动电压控制的开关晶体管，工作原理与 MOSFET 相似。GTR 电力晶体管饱和压降低，载流密度大，但驱动电流也较大。MOSFET 驱动__________很小，开关__________快，但导通压降大，载流密度小。IGBT 综合了这两种器件的优点，驱动功率小而饱和压降低。

（2）两单元 IGBT 结构

画出两单元 IGBT 结构图。

（3）IGBT 模块

画出六单元 IGBT 结构图。

4．智能功率模块（IPM）

（1）智能功率模块（IPM）简介

智能功率模块 IPM（__________________）是在 IGBT 的外围集成了________和________电子电路，从而实现驱动和诊断的功能。随着 IGBT 的工作频率在____________Hz 的硬开关及更高的软开关中应用，智能功率模块 IPM 代替了 MOSFET 和 GTR。

（2）智能功率模块（IPM）的功能

IPM 的具体功能有栅极驱动、短路保护、过流保护、过热保护和欠压锁定。

① 驱动功能。

____

____

____

② 诊断功能。

____

____

____

- 过流保护功能。

____

____

____

- 过温保护功能。

____

____

____

- 欠压保护功能。

____

____

____

- 其他功能。

____

____

____

6.2 IGBT 栅极驱动

1．栅极驱动电压

典型的 IGBT 栅极驱动电压为 15V±_____%的正栅极电压，该电压足以使 IGBT 完全饱和。在任何情况下$+V_{GE}$不应超出_____～_____V 的范围。为了保证不会因为 di/dt 噪声产生误开通，$-V_{GE}$采用反偏压_____～____V 来作为关断电压。

2．驱动电压对 IPM 中 IGBT 的影响

表 6-1　不同控制电压时 IGBT 或 IPM 的导通情况

控制电压 UGE	IGBT 工作情况
0～4.0V	
4.0～12.5V	
12.5～13.5V	
13.5～16.5V	
16.5～20.0V	
20V 以上	

3．IGBT 一般驱动方式

（1）小功率的 IGBT 驱动

220VAC 采用自举 IGBT 驱动，高频脉冲变压器，直流电压驱动。400V AC 采用简单_____的新型自举 IGBT 驱动器。

（2）中等功率的 IGBT 驱动

400V AC 采用自举供电的光耦。690V AC 采用_________以及复杂的 IGBT 驱动系统。

（3）大功率 IGBT 驱动

采用_________的 IGBT 驱动。

4．IGBT 驱动设计规则

① ______________________________

② ______________________________

③ ______________________________

④ ______________________________

⑤ ______________________________

⑥ ______________________________

6.3 IGBT 栅极驱动隔离

1. 栅极光电隔离

IGBT 栅极的电隔离电路中，DSP 微控制器（MCU）电路通过__________或__________驱动控制发光二极管，从而控制光电管的反向导通和截止，向 IGBT 栅极驱动电路提供控制电压。

如图 6-11 所示为 IPM 模块典型栅极隔离电路，在 IPM 模块外围要有相应的电子元件才能保证正确工作。图 6-12 所示为 IPM 的电机驱动电路，从中可看出__________和__________电路之间的信息交换全采用光隔离。

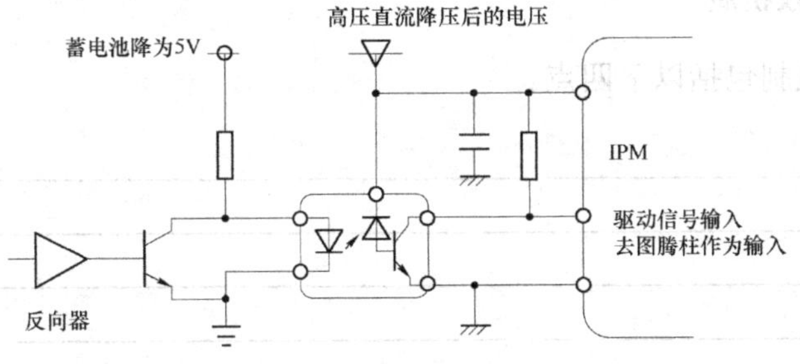

图 6-11 IPM 模块典型栅极隔离电路

2. 栅极变压器隔离

在驱动设计中，稳定的电源是 IGBT 能否正常工作的保证。如图 6-13 所示，电源采用正激变换，抗干扰能力较强，副边不加滤波电感，输入阻抗低，使在重负载情况下电源输出电压仍然比较稳定。

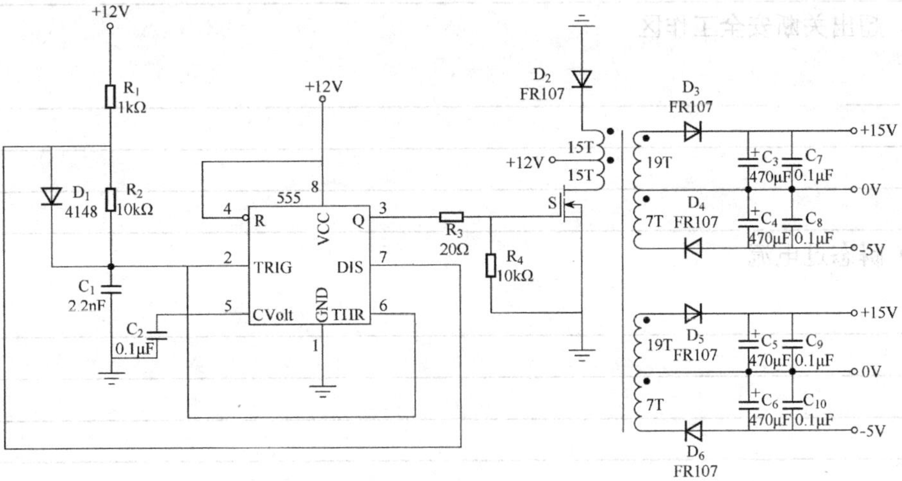

图 6-13 变压器电源隔离

当 S 开通时，+12V（为比较稳定的电源，精度很高）电压便加到变压器____________和 S 相连的绕组，通过能量耦合使副边经过整流输出。当 S 关断时，通过原边二极管 D_2（FR107）和其相连的绕组把磁芯的能量回馈到电源，实现变压器磁芯的____________。555 定时器接成____________，通过对 C_1 的充放电使脚 2 和脚 6 的电位在 4～8V 之间变换，使脚 3 输出____________信号，并用方波信号来控制 S 的开通和关断。左侧+12V 经过 R_1，D_1 给 C_1 充电，其充电时间 $t_1 \approx R_1C_2\ln_2$，放电时间 $t_2=R_2C_1\ln2$，充电时输出高电平给 2 脚 TRIG，放电时输出低电平给 2 脚 TRIG，所以 PWM 占空比=t_1/（t1+t2）。

6.4 IGBT 保护电路

1. IGBT 的失效机制

IGBT 的失效机制包括以下四点。

① ____________

② ____________

③ ____________

④ ____________

2. IGBT 失效原因分析

（1）过热损坏

____

（2）超出关断安全工作区

____

（3）瞬态过电流

____

（4）过电压

____

3. IGBT 保护方法

IGBT 的驱动保护包括：____________、____________和____________。

（1）封锁栅极电压

____

____

____

（2）过载（过流）保护

____

____

____

① 过流保护措施。

通常采取的保护措施有________和________两种。

② 短路检测方式。

____

____

____

6.5 智能功率模块保护功能与驱动

1. IPM 的保护方法

如图 6-15（见主教材）所示为 IPM 内部工作原理图。如果 IPM 中有一种保护电路工作，IGBT 就关断并输出一个故障信号 FO。

（1）控制电源欠压锁定（UV）

UV=__________，译为欠（低）电压。如果某种原因导致控制电压符合欠压条件，该功率器件会关断 IGBT 并输出故障信号。如果毛刺电压干扰时间小于规定的 T_d（UV）则不会出现保护动作。

（2）过热保护（OT）

OT=__________，译为过温。在绝缘基板上安装有温度探头或测温二极管，如果超过数值 IPM 会截止栅极驱动，直到温度恢复正常（应避免反复动作）。

（3）过流保护（OC）

OC=__________，译为过流。如果 IGBT 的电流超过数值，并大于时间 T_{off}（OC），

典型值为 10μs，IGBT 被关断。超过 OC 数值，但时间小于 T_{off}（OC）的电流，并无大碍，故 IPM 不予处理。当检测出过电流时，IGBT 会被软关断。

（4）短路保护（SC）

SC=____________，译为短路。当发生负载短路或上下臂直通时，IPM 立即关断 IGBT 并输出故障信号。注意：过流采样和短路采样采用同一回路。

新型 IPM 采用了实时电流检测技术 RTC（____________________）技术，使响应时间小于 100ns。

画出图 6-15 两单元 IPM 内部功能图中的一个单元图。

2．智能功率模块驱动

如图 6-16 所示为 IPM 外部驱动电路和引脚连接示意图。HCPL4504 为____________，PC817 是 IPM 故障____________。图中引脚 2 为 5V 电源输出，给 R_2 电阻供电，引脚 3 为经 HCPL4504 为驱动光耦转化后的 PWM 驱动信号输入，C_1 为 5V 电源输出的滤波，引脚 4 为____________，与 HCPL4504 为驱动光耦的输出共地。

引脚 5 为____________，IPM 识别出故障后，图中 15V 电经 3.9kΩ 电阻和发光二极管流入引脚 5。左侧 3.3V 电源经 10kΩ 电阻和光敏三极管后接地。

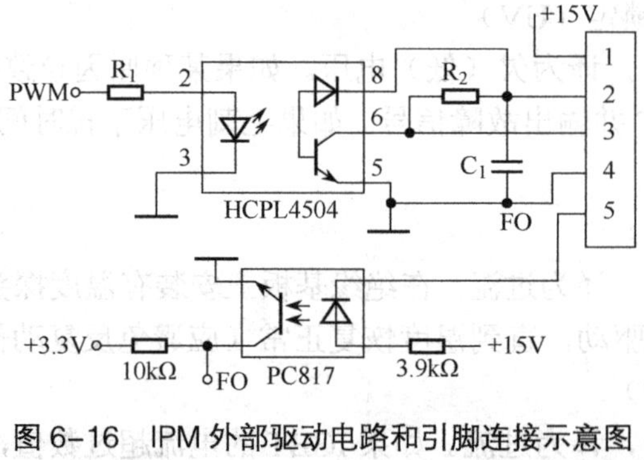

图 6-16 IPM 外部驱动电路和引脚连接示意图

3. 功能引脚和内部引脚

IPM 的外部引脚和内部引脚是不同的，完成表 6-2。

表 6-2 IPM 的引脚功能

引　脚	外部引脚	内部引脚
1		
2		
3		
4		
5		

6.6 IGBT 使用和检查

1. 使用注意事项

IGBT 在使用中要注意以下几点：

2. IGBT 过载使用

导致 IGBT 过载使用的因素：

3. IGBT 管极性测量

测量方法：

4．如何检测判断 IGBT 管的好坏

检测方法：

·第 7 章·

汽车变频器

7.2 电机电动控制和发电控制

1. 电机电动控制

（1）W 相流向 V 相控制（U 相幅值为 0）

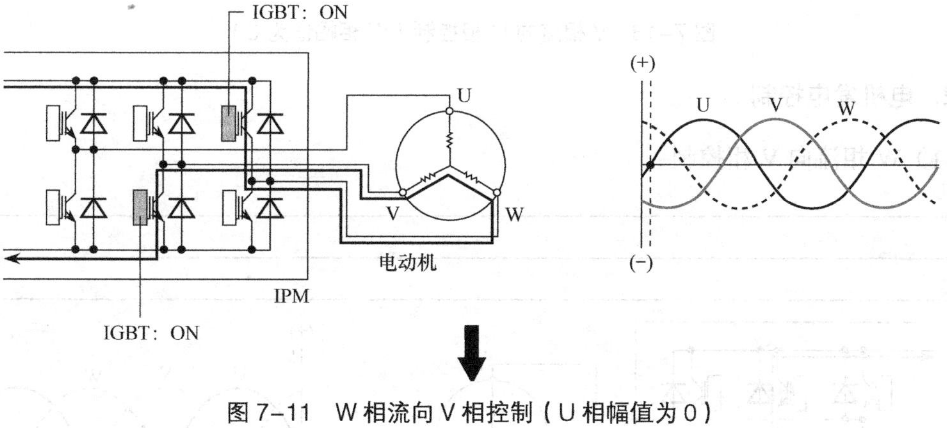

图 7–11 W 相流向 V 相控制（U 相幅值为 0）

（2）U 相流向 W 相控制（V 相幅值为 0）

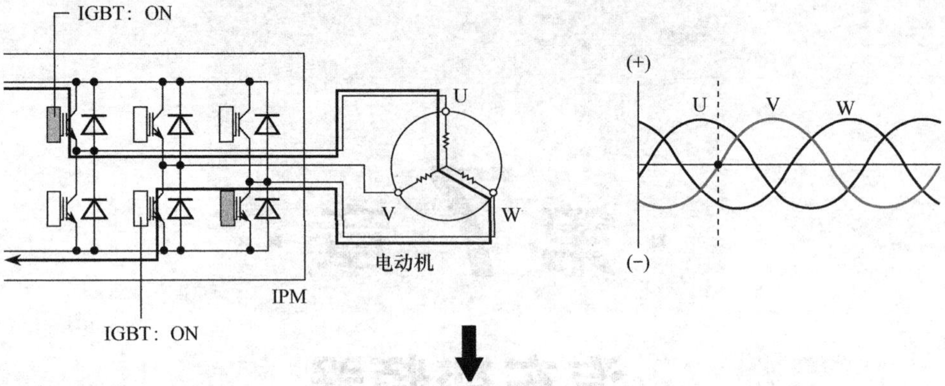

图 7–12　U 相流向 W 相控制（V 相幅值为 0）

（3）V 相流向 U 相控制（W 相幅值为 0）

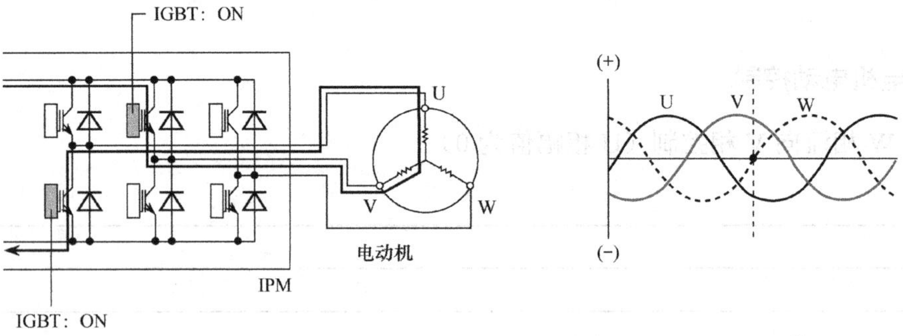

图 7–13　V 相流向 U 相控制（W 相幅值为 0）

2．电机发电控制

（1）W 相流向 V 相控制

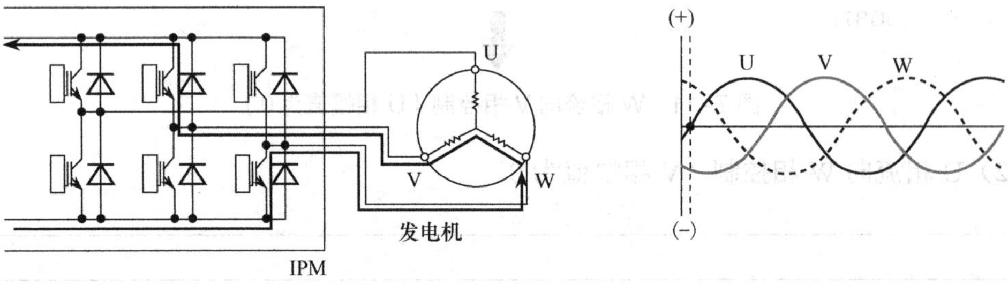

图 7–14　W 相流向 V 相控制（U 相幅值为 0）

（2）U 相流向 W 相控制

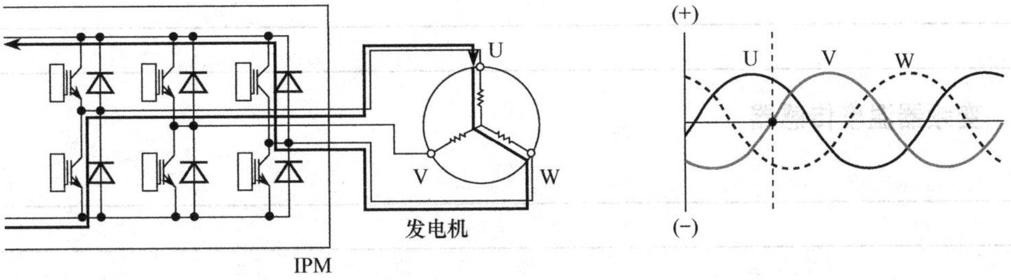

图 7-15 U 相流向 W 相控制（V 相幅值为 0）

（3）V 相流向 U 相控制

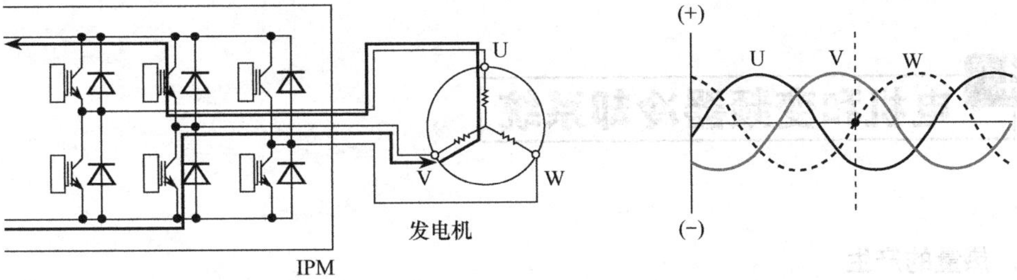

图 7-16 V 相流向 U 相控制（W 相幅值为 0）

7.3 电力驱动系统传感器

1. 电机解角传感器

2. 电机温度传感器

3. 大气压力传感器

4. 变频器温度传感器

5. 变频器电流传感器

7.4 电机和变频器冷却系统

1. 热量的产生

（1）电机生热

（2）逆变桥生热

（3）DC/DC 转换器生热

2．变频器、电机串联冷却系统

写出图 7-22 所示丰田普锐斯第二冷却系统的循环路径。

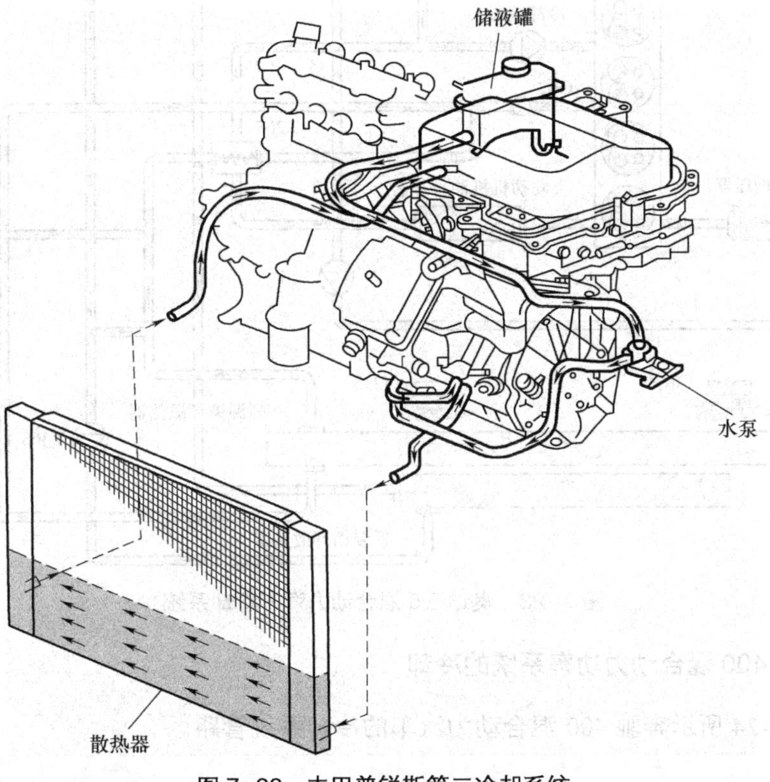

图 7–22 丰田普锐斯第二冷却系统

3．发动机、变频器和电机冷却系统

写出图 7-23 所示奥迪 Q5 混合动力汽车冷却系统路径。

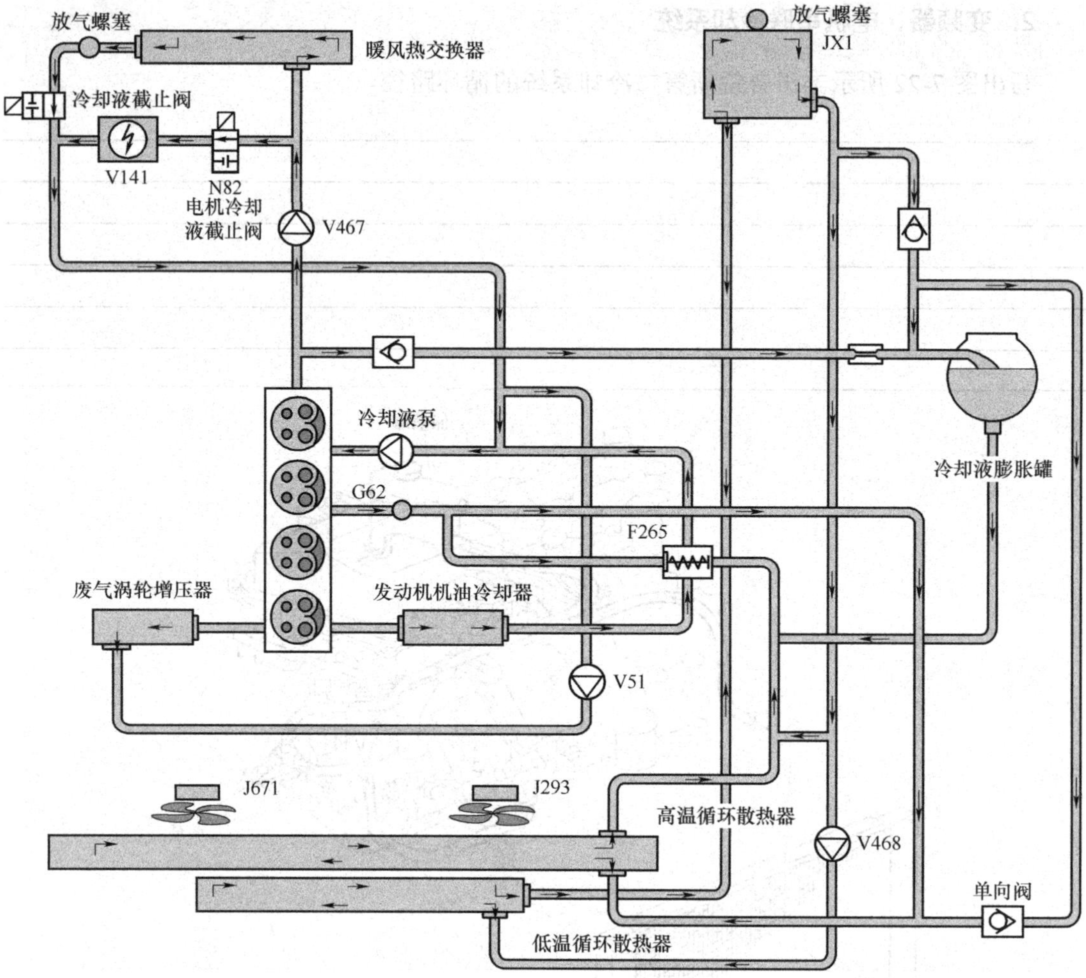

图 7–23　奥迪 Q5 混合动力汽车冷却系统

4．奔驰 400 混合动力功率系统的冷却

写出图 7-24 所示奔驰 400 混合动力汽车的冷却系统管路。

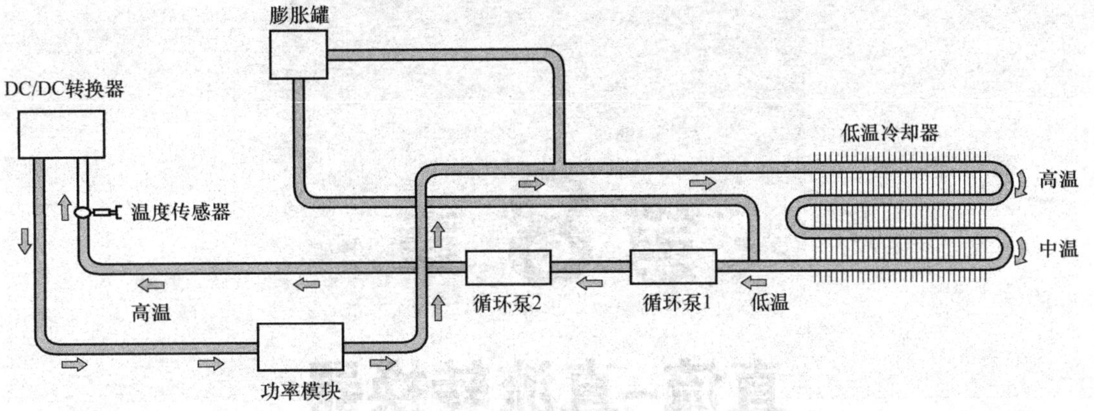

图 7–24 奔驰 400 混合动力功率系统的冷却

·第 8 章·

直流-直流转换器

8.1 DC/DC 转换器简介

1. 什么是 DC/DC 转换器

DC/DC（________________，DC）是直流-直流转换器的缩写。

燃油车和电动汽车的辅助子系统二者的主要区别在于，燃油车的辅助蓄电池由与发动机相连的交流____________，而电动汽车的辅助蓄电池则由主电源通过____________来充电。电动汽车或混合动力汽车中用来推动电机转动的能量来自于动力蓄电池，动力蓄电池为数块电池串联，电压较高，所以也叫_______电源。

电动汽车中 DC/DC 功率转换器的主要功能如下。

（1）降压转换器

____

____

____

（2）升压转换器

① 对动力电池电压进行升压。

____

____

____

② 对 12V 铅酸电池进行升压。

____

____

____

2．DC/DC 转换器分类

（1）____________________

（2）____________________

（3）____________________

（4）____________________

8.2 电动汽车用电负荷

1．保留铅酸蓄电池的必要性

（1）能够降低整个车辆的成本

（2）确保电源的冗余度

2．12/24V 电气系统负荷

完成表 8-1。

表 8-1　汽车用电负荷 12V 系统

12V 用电负荷	工作状态	功耗/W	12V 用电负荷	工作状态	功耗/W
混动汽车暖风加热			仪表		
逆变桥驱动			停车灯、转向灯及车内灯		
电池能量管理系统			电动转向助力系统		
车头灯和尾灯			收音机		
喇叭			电动窗升降		
雨刮器			高压配电箱继电器		
电动真空泵			ABS 回流泵电机		
空调鼓风机			冷却电机风扇		

3. 高压用电负荷

完成表 8-2。

表 8-2　汽车高压用电负荷

高压用电负荷	工 作 状 态	功耗/kW
电动空调压缩机		
客车气压制动电动空气压缩机		
纯电动汽车暖风 PTC 加热		
12/24V DC/DC 转换器		

8.3 DC/DC 转换器原理

1. 全桥 DC/DC 转换器

全桥 DC/DC 转换器电路原理如图 8-2 所示。

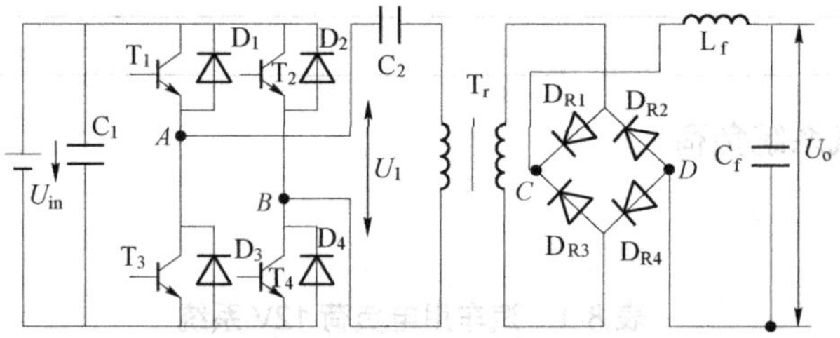

图 8–2　绝缘型全桥 DC/DC 转换器电路原理

2. 双向 DC/DC 转换器

升降压双向 DC/DC 转换器电路如图 8-5 所示。

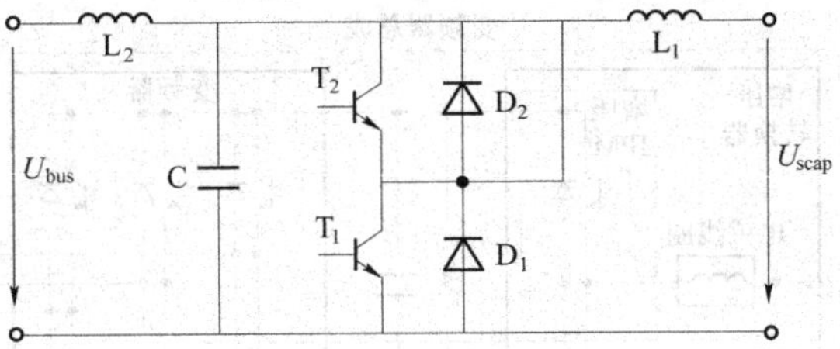

图 8–5 升降压双向 DC/DC 转换器电路

8.4 典型 DC/DC 转换器举例

1. DC/DC 转换器控制功能

根据图 8-6 说出工作原理：

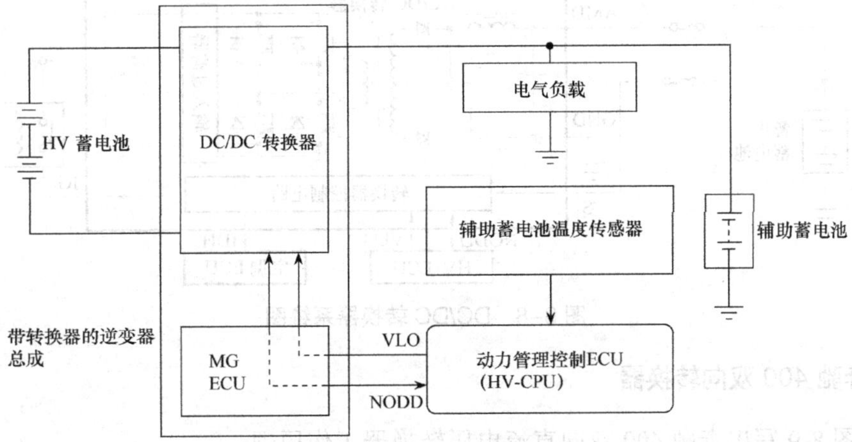

图 8–6 DC/DC 转换器功能

2. 增压型双向转换器

根据图 8-7 说出增压转换器工作原理：

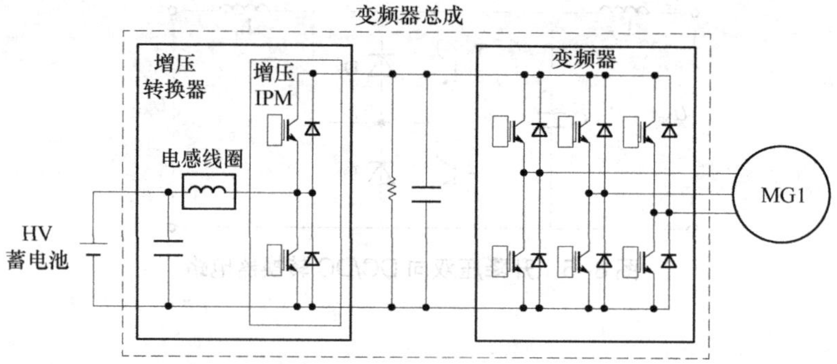

图 8–7　增压和降压转换器

3．降压型 12V 转换器

根据图 8-8 DC/DC 转换器系统图写出工作原理：

____

____

____

____

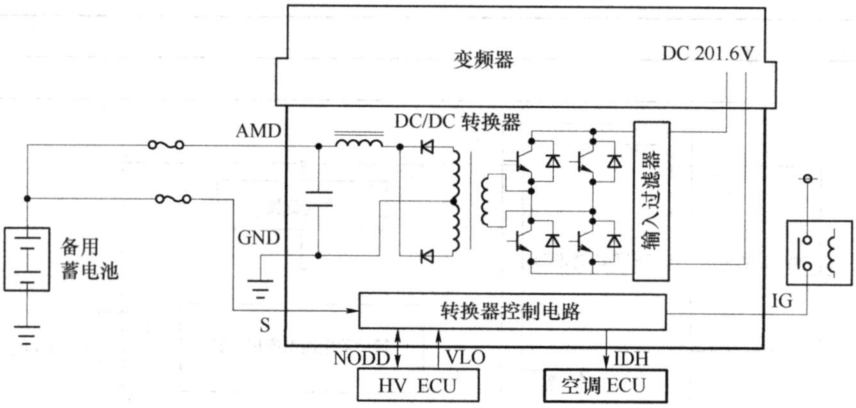

图 8–8　DC/DC 转换器系统图

4．奔驰 400 双向转换器

根据图 8-9 写出奔驰 400 双向直流电压转换器工作原理：

____

____

____

____

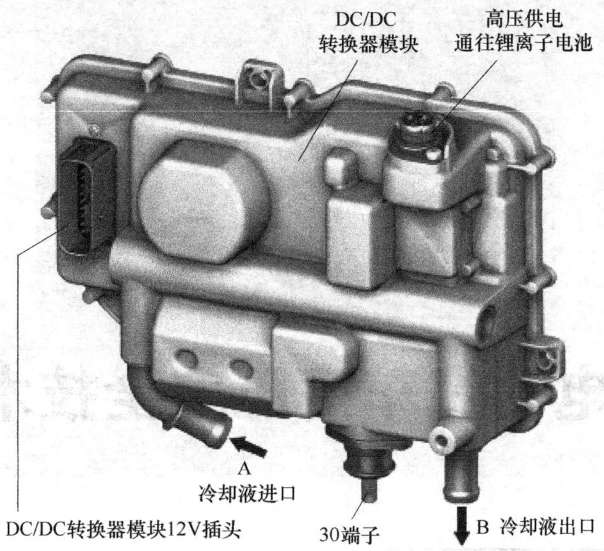

图 8–9 奔驰 400 双向直流电压转换器

·第9章·

电动汽车高压安全技术

9.1 不安全的交流电

1. 低压供电系统

如图 9-1 所示，发电机发出的______三相交流电通过降压变压器原线圈感应到变压器副线圈，形成三相 50Hz 交流电，三条火线______、______、______的线间电压为______，中性点接出零线______。L 和 N 间为相电压 50Hz、220V 单相交流电。为了避免雷击损坏用电器，将______埋地。

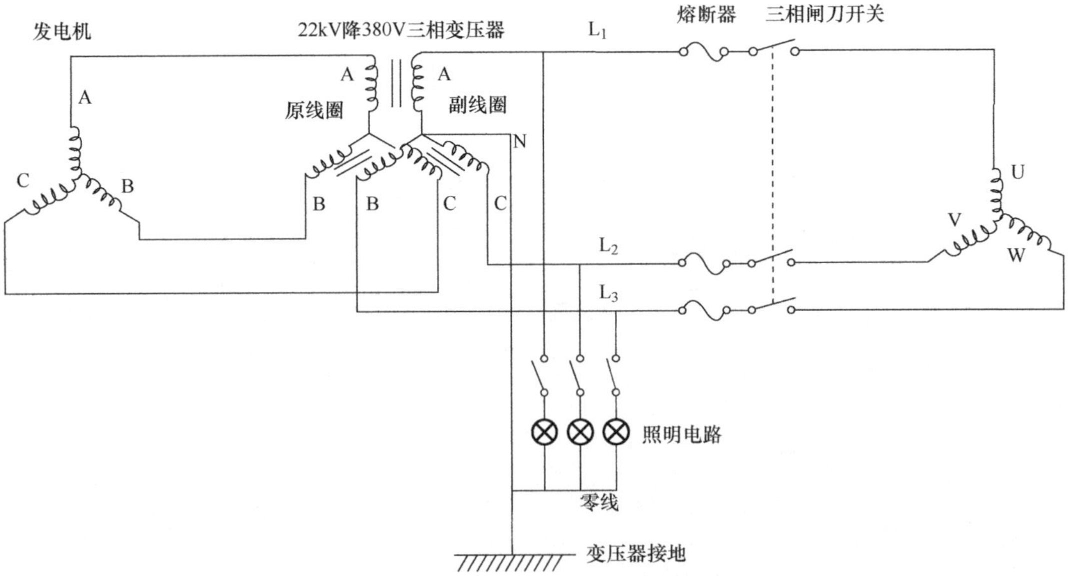

图 9-1　低压供电系统简化示意图

2. 保护地（PE）和零线（N）

（1）TN-C

（2）TT

（3）TN-C-S

（4）TN-S

（5）IT

3. 壳体无接地

根据图 9-2 写出不安全工作电流路径：

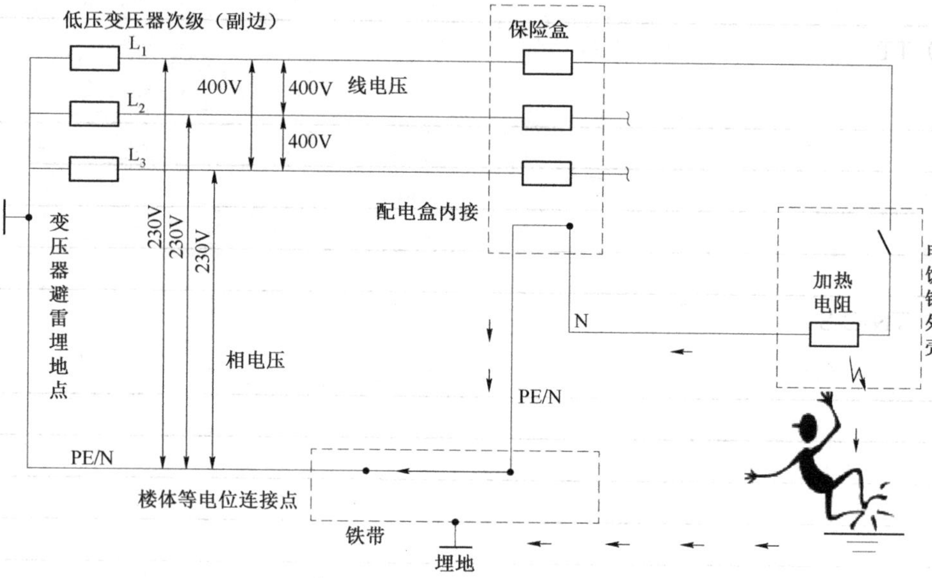

图 9-2　壳体无接地

4. 壳体接地（PE）

根据图 9-3 写出安全工作电流路径：

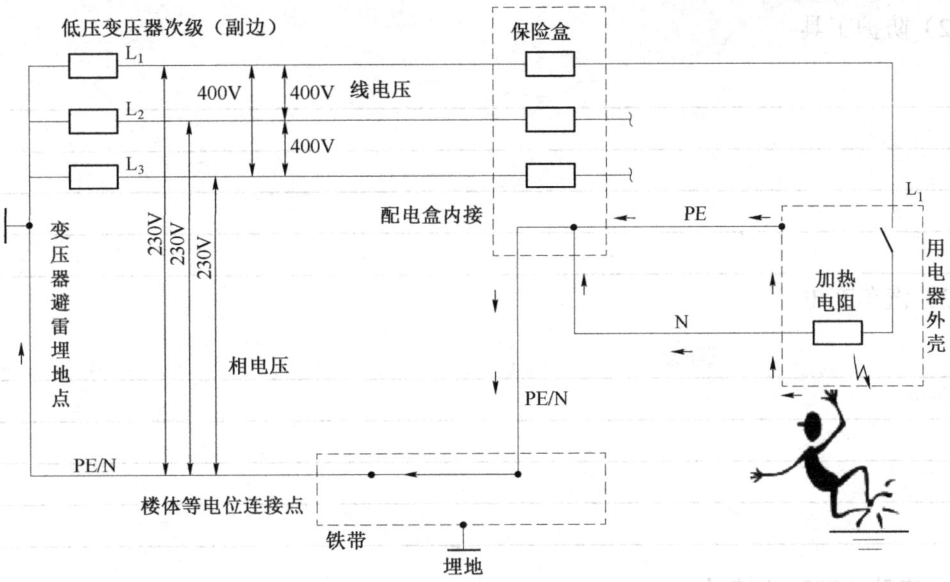

图 9–3　壳体有接地

5．充电安全

写出充电时可能存在的危险：

9.2 高压安全防护

1．行业操作错误纠正

（1）放置绝缘垫

（2）防护工具

（3）汽车充电

2．电动汽车安全技术

电动汽车的高压安全措施是十分周密的，以下是主动技术和被动技术，总结起来有下面 8 项。它们是这样定义的：以主动避开危险为目的的技术称为被动安全技术，主要是给客户的一种免责；而以主动防护实现安全的技术称为主动安全技术。

（1）橙色电缆线

（2）防接触保护

（3）高压和低压（12V）不共地

（4）高压产品的电隔离

（5）绝缘检测

根据图 9-4 写出绝缘检测原理：

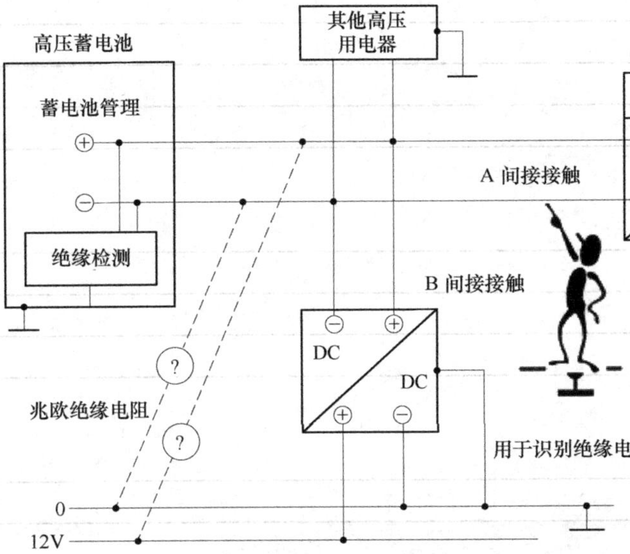

图 9–4　电动汽车的高压安全措施

（6）高压互锁

（7）高压接通锁

____

____

____

____

（8）在碰撞时切断高压系统

____

____

____

____

2. 高压系统操作资格

（1）高压意识培训

____

____

____

____

（2）高压资格

____

____

____

____

（3）高压产品资格

____

____

____

____

9.3 绝缘电阻监测方法

电动汽车______________、______________、______________、______________、______________、______________和______________等都会涉及高压电器绝缘问题。这些部件的工作条件比较恶劣，振动、酸碱气体的腐蚀、温度及湿度的变化，都有可能造成动力电缆及其他绝缘材料迅速老化甚至绝缘破损，使设备绝缘强度大大降低，危及人身安全，所以有必要在出现绝缘问题时及时对高压电网进行________操作，保护人员安全。

1. 绝缘电阻大小确定

电动汽车的绝缘状况以直流________对地的绝缘电阻来衡量。电动汽车的国际标准规定：绝缘电阻值除以电动汽车直流系统标称电压 U，结果应大于________，才符合安全要求，见式（9.1）。标准中推荐的牵引蓄电池绝缘电阻测量方法适用于静态测试，而不满足实时监测的要求。

________________________ （9.1）

2. 绝缘电阻监测方法

根据图 9-6 中的虚线框写出工作原理：

____

____

____

____

____

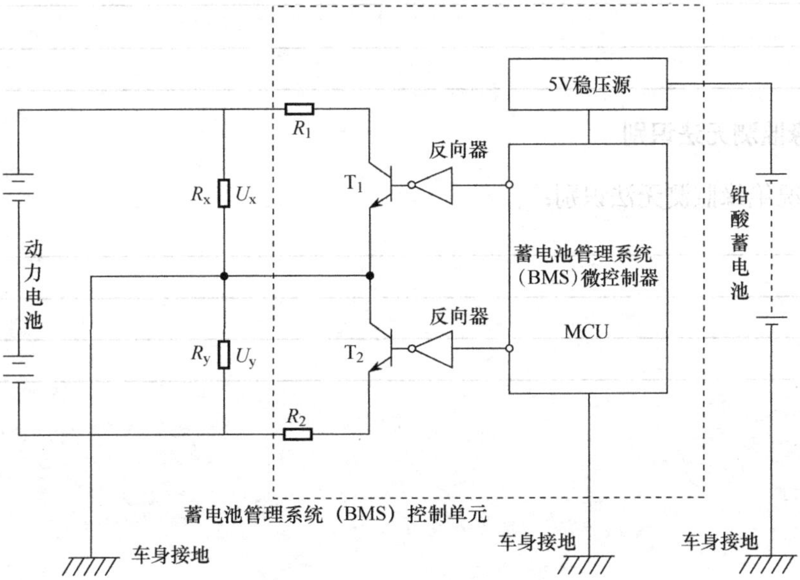

图 9-6 电动汽车绝缘电阻测量原理

3. 高压产品壳体共地

根据图 9-7 写出壳体共地的好处：

____

____

____

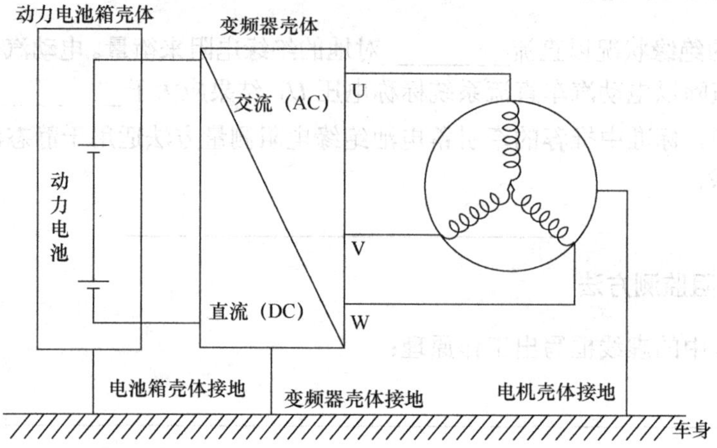

图 9–7　高压产品壳体共地示意图

4. 绝缘电阻动态监测

定义：____

____

____

5. 绝缘监测无法识别

以下情况绝缘监测无法识别：

____

____

____

____

·第 10 章·

线控驻车挡原理与检修

10.1 线控驻车挡控制

1. P 挡开关

写出图 10-1 P 挡（驻车挡）开关电路的工作原理：

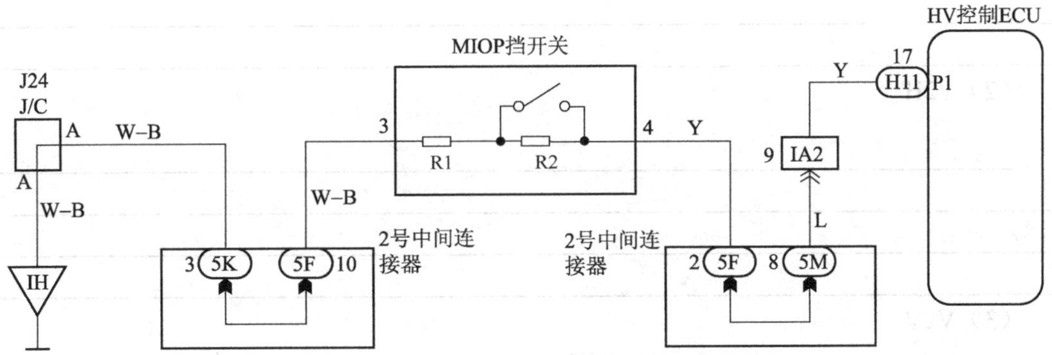

图 10–1　P 挡（驻车挡）开关电路图

2. P 挡控制

（1）简速

写出图 10-2 换挡位置和驻车信号传输的原理：

表 10-1 三种无线充电方式比较

三种充电方式	电磁感应	磁共振	微波
充电原理			
使用频率范围			
输出功率			
传送距离			
充电效率			
日本研制企业			

4．未来其他前沿技术

Altair 纳米技术公司为电动汽车开发的锂离子电池可以极快的速度充电，容量高达 35kW·h 的电池可以在_____min 之内充电完毕，安装这种电池的载人小汽车可以续航 160km。10min 之内把 35kW·h 的电池充电完毕需要 250kW 的充电功率，这是一栋办公大楼最大用电负荷的____倍。

麻省理工学院研究人员发明了一项充电材料表面处理技术，利用这种新技术制造的手机电池可以在 10s 内完成充电，汽车电池可在____min 内充好电。

据索尼官方新闻稿表示，索尼已经开发出了一种快速充电锂电池，仅需______就能让电池充电 99%。

5．V to X

（1）V2G

____

____

____

____

（2）V2H

____

____

____

____

（3）V2V

____

____

____

____

（4）V2I

____

____

____

____

10.2 充电机功能

充电设定方式可分为________设定方式和________设定方式两种。

10.3 传导式充电接口

1. 充电接口形式

电动汽车传导式充电接口（________________________）标准适用于交流额定电压最大值为____V 和直流额定电压最大值为______V 的电动汽车用传导式充电接口。

国标规定了两种充电接口：一种是将交流供电电网连接到__________上进行充电的“交流充电”接口；另一种是利用_____充电机（充电桩）对电动汽车进行“直流充电”的接口。

2. 充电模式和插头颜色

（1）充电模式 1

____

____

____

（2）充电模式 2

模式 2.1：

____

____

____

模式 2.2：

____

模式 2.3：

（3）充电模式 3

3．符号标志

4．交流充电接口

画出图 10-5（见主教材，下同）交流充电接口插头和插座端子布置图。

画出图 10-6 交流充电接口界面示意图。

5. 直流充电接口

画出图 10-7 直流充电接口插头和充电插座布置图。

画出图 10-8 直流充电接口插头和充电插座界面示意图。

·第 11 章·

典型纯电动汽车

电动汽车分为______________、______________、______________三种，每种的不同种类对应不同的具体结构，本章主要介绍纯电动汽车，也称 BEV（______________）。

新能源汽车的本质是节能汽车或并非完全绿色节能（______________，绿色环保行业）产品，如绿色环保行业的风能、太阳能等。

电动汽车是蓝色车标（______________，节能技术），而电动汽车充电不一定是风能或太阳能，因为在世界范围内电能还是以火电为主，特别是中国更是以火电为主。

11.1 日产聆风

1. 简介

日产聆风（Leaf）这款电动车是在采用______________车型的基础上开发的新一代电动车，具有电动车特殊设计的底盘布局，采用______________驱动电机，提供超过_____km 的续航距离，以满足一般消费者的驾车需求。

2. 基本参数

日产 Leaf 整车基本参数：__________最大功率_____kW、最大扭矩 280N·m，复合锂离子电池 24kW·h，最大输出功率 90kW，能量密度 140Wh/kg，功率密度 2.5kW/kg，电池单体数目_____个。并具有电动车特殊设计的底盘，锂离子设置在________________。

3. 充电方式

如图 11-2 所示，日产 Leaf 电动车提供了两种充电插槽和两种充电方式，充电插槽位置在前机舱盖下部。其中__________可在 30min 内充电 80%，不过快速充电需要专用的充电设备。

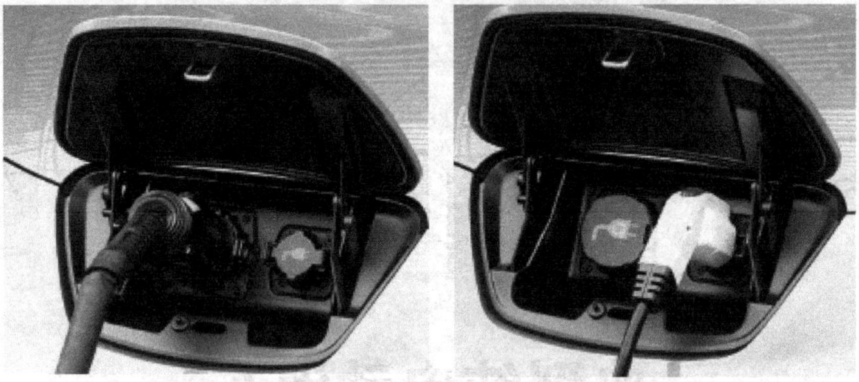

图 11-2　日产 Leaf 快速充电接口和慢速充电接口

而利用一般家庭 200V 电源进行充电，则需要约______h 完成充电。日产 Leaf 在车头前方布置了两组充电插槽，可分别就一般 200V 电压或快速充电系统进行充电；而在__________还有充电电量显示。

4．系统结构和功能

参考图 11-3 和图 11-4，完成表 11-1。

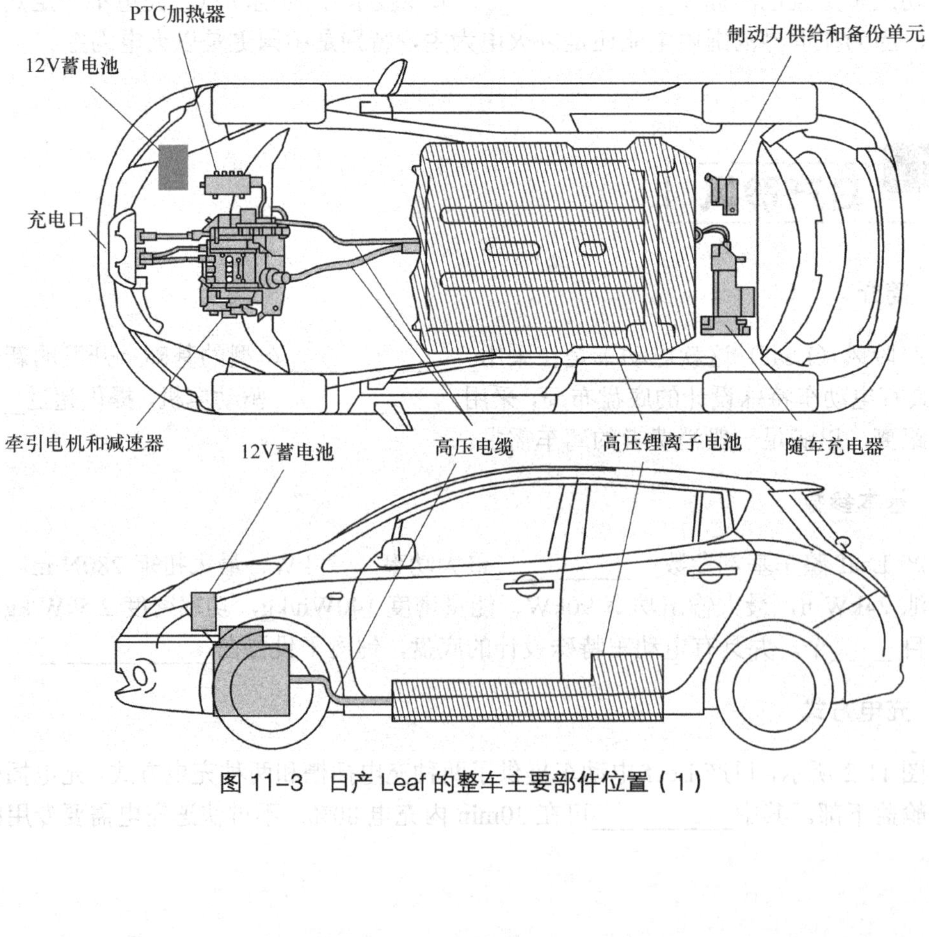

图 11-3　日产 Leaf 的整车主要部件位置（1）

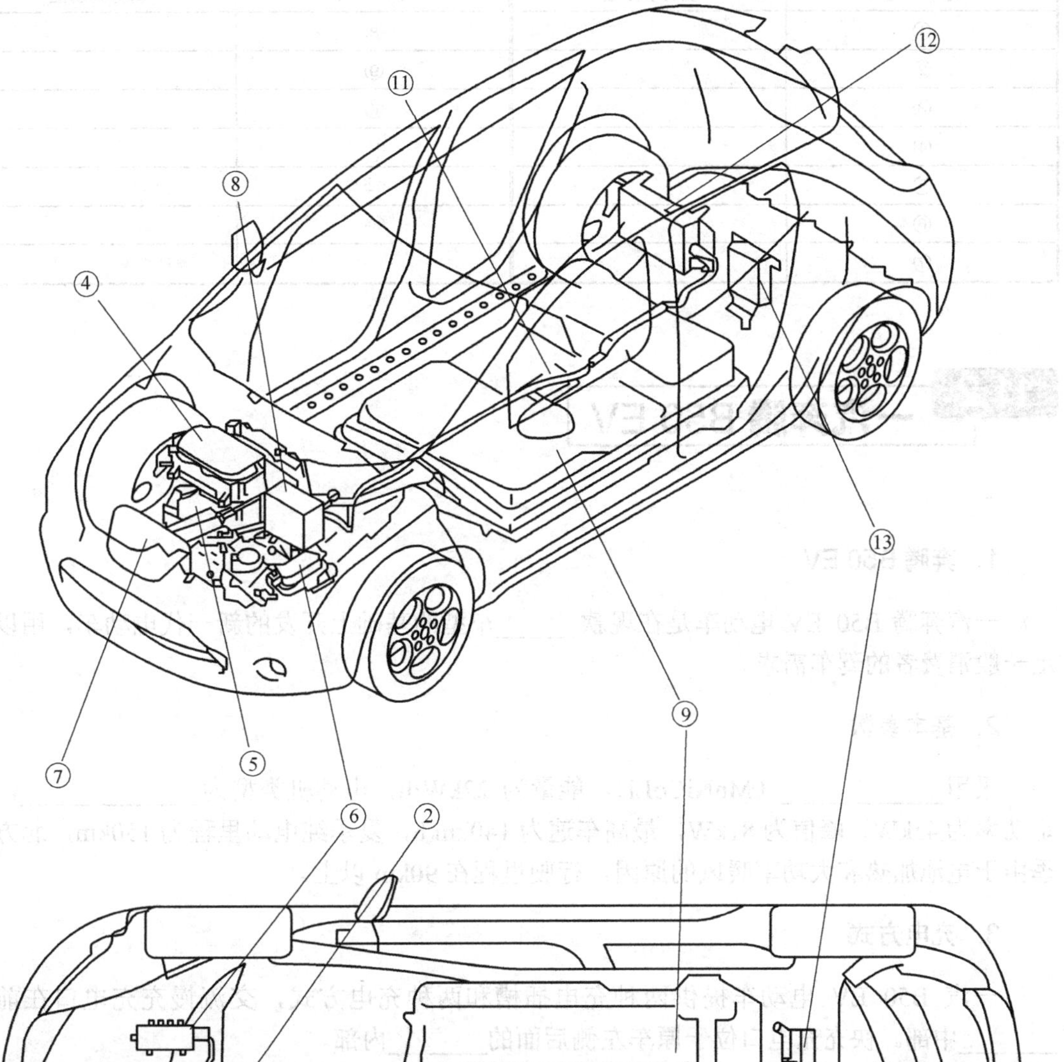

图 11–4 日产 Leaf 的整车主要部件位置（2）

表 11-1 日产 Leaf 整车主要部件功能

序　　号	名称和功能	序　　号	名称和功能
①		⑧	
②		⑨	
③		⑩	
④		⑪	
⑤		⑫	
⑥		⑬	
⑦			

11.2 一汽奔腾 B50 EV

1. 奔腾 B50 EV

一汽奔腾 B50 EV 电动车是在现款______车型的基础上开发的新一代电动车，用以满足一般消费者的驾车需求。

2. 基本参数

采用____________（MnNiCoLi），能量为 22kW·h，电动机类型为______________，额定功率为 45kW，峰值为 81kW，最高车速为 140km/h，夏季纯电动里程为 150km，北方冬季由于电池加热和大功率暖风的原因，行驶里程在 90km 以上。

3. 充电方式

一汽 B50 EV 电动车提供两种充电插槽和两种充电方式，交流慢充充电口在前部_______中部。快充充电口位于原车左侧后面的_______内部。

B50 EV 电动车提供的两种充电方式中快速充电插槽可在 30min 内充电______；而利用一般家庭 220V 电源进行充电，则需要__________完成充电。在汽车前部车头前方布置有两组充电插槽，可分别就一般 200V 电压或快速充电系统进行充电，而在前挡风玻璃处还有__________。

4. 主要零部件功能

（1）车载充电机

充电机本质是交流-直流-直流（____________）转换器，是将交流 220V 整流为 220V 直流，220V 直流再升压为高压蓄电池直流电压，充电机输出直流电压约高于标称蓄电池电压的_____________。

（2）变频器

变频器的本质是直流-交流（________）转换器，其工作过程是将蓄电池直流电压逆变为________电压，为电动机供电。

（3）高压配电箱

高压配电箱位于车身下部，原车__________的车身上凹的结构中，由于位置布置关系，在使用过程中会有损坏概率，有待改进车身为电动汽车车身。

（4）制动系统

制动系统仍采用原传统真空助力形式的电控制动系统，真空源采用了__________，真空度传感器对真空泵继电器进行控制，一旦真空度下降，真空泵即启动。__________线路出现开路时，真空泵将不能工作。

5. 冷却系统

由于_____________、_____________、____________工作时的生热，冷却系统设计为原车的双风扇散热器，冷却液循环采用了一个__________。

11.3 电动汽车传动系统结构

1. 混合动力汽车传动系统结构

油电混合动力汽车中由于有发动机，所以传统电控机械自动变速器（__________）、液力自动变速器（__________）、机械无级自动变速器（__________）仍可使用，同时引入了电力无级变速器。

2. 纯电动汽车结构形式

采用不同的电力驱动系统可构成不同结构形式的电动汽车，下面介绍几种不同结构的驱动形式。

① 发动机换为电动机结构。

____

____

____

② 电动机纵置后驱结构。

____

____

____

③ 电动机横置前驱结构。

④ 双电机结构。

⑤ 高速轮毂电动机结构。

⑥ 低速轮毂电动机结构。

11.4 纯电动汽车传动系统

1. 小型、中型卡车和轿车

由于电机扭矩大，在小型、中型卡车和轿车上取消了变速器，减速机构只有＿＿＿＿＿。

2. 客车和货车传动系统

（1）客货车使用变速器的必要性

电动机拥有很宽的工作转速范围，但和发动机一样，电动机也有最佳工作转速区间，高于或低于这一区间效率就会下降。

① 无变速器的电动机效率。

一台 40kW 电动机在刚启动时效率仅有＿＿＿＿＿%。随着速度提高效率逐步提高，在 3300～6000r/min 区间，效率能够达到＿＿＿%以上。而在接近极限转速＿＿＿＿r/min，效率又降到 70%左右。可以看出，合理利用变速器，让电动机工作在最佳转速区，对于提高效率十分有意义。

② 无级变速器的效率。

电动汽车若采用无级变速器，会比固定速比的减速器能耗降低＿＿＿%，噪声也减小很多。

③ 货车和客车是否采用变速器。

轿车取消了变速器，客货车的变速器结构简化了。在客货车上，无变速器时，电动机低速____大、最高车速低、______大、_____过大。固定速比输出就不能充分随路况变化改变扭矩，结果造成对电动机、蓄电池及控制器的严重破坏。所以，客货车仍要采用变速器。

④ 货车和客车采用 2 挡或 3 挡的变速器。

在电动客货车上配装变速器，主要是为解决________不足的问题。装变速器可以改变电动机扭矩，提升电动机动力。纯电动客车配装的变速器相比燃油车型上的变速器结构大大简化，变速器挡数由传统的多挡简化成________挡或________挡，电动机和变速器之间可配有离合器，也可不配离合器。

（2）无同步器 AMT 应用

传统变速器的换挡条件是要有离合器切断动力，同步器使从动齿轮和主动齿轮同步。新的设计理念是在________条件下要实现自动换挡，同步器无法实现同步。为此设计出电动机主动调速适应从动齿轮转速的自动换挡变速器。

11.5 轮毂电机

1. 轮毂电机简介

轮毂电机技术并非新生事物，早在____________年，保时捷就首先制造出了前轮装备轮毂电机的电动汽车，在_____________年代，这一技术在矿山运输车等领域得到应用。

2. 轮毂电机种类和结构

轮毂电机驱动系统根据电动机转子形式主要分为____________和____________两种。

外转子式采用低速外转子电动机，电动机的最高转速为________r/min，无减速装置，车轮的转速与电动机相同。若采用低速外转子电动机，则可以完全去掉变速装置，外转子就安装在车轮轮缘上，而且电动机转速和车轮转速相等，因此不需要减速装置。

通用开发的为 150 吨重型卡车设计的高速内转子轮毂电机，采用高速内转子电动机，配备固定传动比的行星减速器，也称____________，为获得较高的功率密度，电动机的转速高达_______r/min。内转子式轮毂电机在功率密度方面比低速外转子式更具竞争力。电动机的最高转速主要受线圈损失、摩擦损失以及变速机构的承受能力等因素的限制，所选用的行星齿轮变速机构的速比一般为 10∶1，而车轮的转速范围则降为__________r/min。

3. 轮毂电机的优点

（1）____

（2）____

（3）____

4．轮毂电机的缺点

（1）______________________________

（2）______________________________

·第 12 章·

典型混合动力汽车

12.1 混合动力汽车省油原因

1. 发动机省油四原则

（1）________________

（2）________________

（3）________________

（4）________________

2. 节油贡献率

混合动力汽车的节油控制策略：

（1）________________

（2）________________

（3）________________

（4）________________

（5）________________

（6）________________

3. 混合动力汽车工况控制

（1）启动纯电动行驶工况

（2）低速小负荷行驶工况

（3）中速中负荷行驶工况

（4）加速和高速行驶工况

（5）减速制动行驶工况

（6）人为纯电驱行驶工况

12.2 混合动力汽车分类

1. 按串并联分类

（1）串联式

串联式的特点：

（2）并联式

并联式的特点：

（3）混联式

混联式的特点：

（4）复合式

复合式的特点：

2. 按混合度分类

（1）微混

什么是微混？功能是什么？

（2）轻混

什么是轻混？功能是什么？

（3）中混

什么是中混？功能是什么？

（4）重混

什么是重混？功能是什么？

3. 按能否外接电源进行充电分类

（1）混合动力系统（HEV）

（2）插电式混合动力系统（PHEV）

12.3 微混型混合动力系统

1. 停启功能

（1）怠速停启功能

（2）传统汽车停启操作

____

____

____

____

2．微混型

传统燃油汽车的怠速停启功能有________启动和__________启动两种方式，但只有强化__________启动这种类型才为微混型。

采用____V（也称为 42V 系统）或更高电压的 ISG（________________，集成启动/发电）电机，如图 12-6（见主教材）所示的皮带式怠速停启系统，也称 BSG（______________，皮带传动启动/发电技术）电机。

3．皮带式启动机/发电机

君越混合动力系统结构如图 12-7 所示，启动机/发电机总成 MGU（__________________）、启动机/发电机功率控制模块 SGCM（_________________________），也称变频器、36V_______电池组（Ni-MH）、12V 铅酸电池。

完成图 12-7。

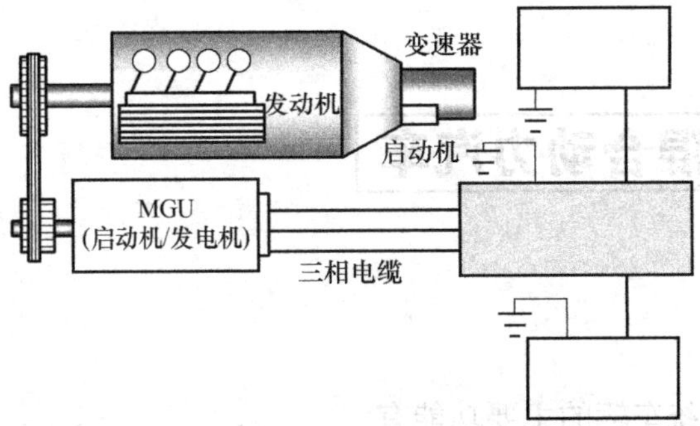

图 12–7 君越 BAS 混合动力系统结构

4．工作过程

（1）燃油供给阶段

____

____

____

____

（2）加速电机助力

____

____

____

____

（3）智能充电阶段

____

____

____

____

（4）减速断油阶段

____

____

____

____

（5）再生制动阶段

____

____

____

____

12.4 轻混型混合动力汽车

1. 轻混功能简介

轻混型混合动力系统车辆的主要功能有_______、_______、_______、_______四种。HCU（_______________）混合动力控制单元会根据驾驶员请求（油门踏下深度）、_______存储单元的状态（允许放出的电池）、____________（停车、行车）以及整车车辆状态等控制 ISG 电机的工作模式，自动实现以上四种功能。

2. 典型轻混结构

奔驰 400 代表了轻混合动力的高端水平，其主要零部件如图 12-8（见主教材）所示。由高压_______电池模块、电机功率模块、电动机组成的_______系统；DC/DC 转换器为_______系统；转向系统采用了 HEPS_________系统；功率控制器如电机控制器和 DC/DC 采用了____________的设计；制动系统采用了_________、___________、ABS 控制单元配合电动机实现_______；空调采用电控___________。

12.5 比亚迪 F3 双模式

1. 比亚迪 F3DM 简介

比亚迪 F3DM 中的 DM（____________）是双模式的意思，意味着该车有两种主要的工作模式，分别是____________和____________。

比亚迪 F3DM 的动力由一台与排量______L 的 F0 发动机型号相同的 371QA 全铝汽油机发动机和____（额定功率 37kW）组成，主电机 M_2 峰值功率 50kW，副电机 M_1 峰值功率_________kW，三者的功率总和达 125kW。从数据上看，F3DM 的动力堪比传统 2.4L 自然吸气发动机。F3DM 的最高时速为________km/h，纯电动模式的续航里程达到___________km，这样的距离完全可以满足日常城市生活的需要。

2. 比亚迪 F3DM 工作过程

（1）纯电动驱动方式

____

____

____

____

（2）减速模式

____

____

____

____

（3）混动模式

____

____

____

____

（4）加速模式

____

____

____

____

12.6 通用串联型 Volt

雪佛兰 Volt 是通用汽车雪佛兰品牌的______电动汽车，它是目前世界上最有影响力的串联型混合动力车型。在中国称为_______，技术先进。

增程式纯电驱动汽车（______________________，E-REV），也就是串联式混合动力汽车，因其只有电机驱动，有时也称为纯电动汽车。

1．串联混合动力基本结构

画出串联式混合动力汽车化学能、电能、机械能传递示意图（参考主教材图 12-15）。

2．Volt 动力系统结构

画出通用雪佛兰 Volt 增程式电动汽车结构示意图（参考主教材图 12-16）。

（1）模式 1（低速纯电力驱动）

（2）模式 2（高速纯电力驱动）

（3）模式 3（低速增程）

（4）模式 4（高速增程）

____

____

12.7 丰田普锐斯混联型

1. 丰田普锐斯品牌简介

丰田普锐斯是史上________量产的混合动力汽车。

2. 丰田普锐斯部件

(1) HV 蓄电池

第二代普锐斯的 HV 蓄电池有________个蓄电池（1.2V×6 单体×28 组），额定电压为 DC________V。

(2) 电机

通过提高 MG_1 转子的强度，使其最大可输出转速为________r/min，从而提高了________能力。MG_2 转子内的永磁铁变为________形结构，使________和________增大。

3. 电力无级变速驱动桥结构

补全图 12-20 普锐斯混合动力系统结构。

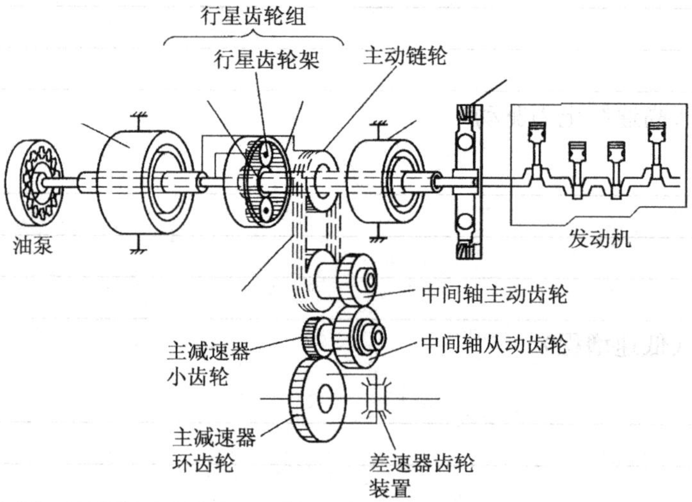

图 12-20 普锐斯混合动力系统结构

4. 工作模式

(1) MG_1 做发电机时的发动机启动和 MG_1 的发电工况

根据图 12-21 启动控制行星齿轮速度图写出工作过程：

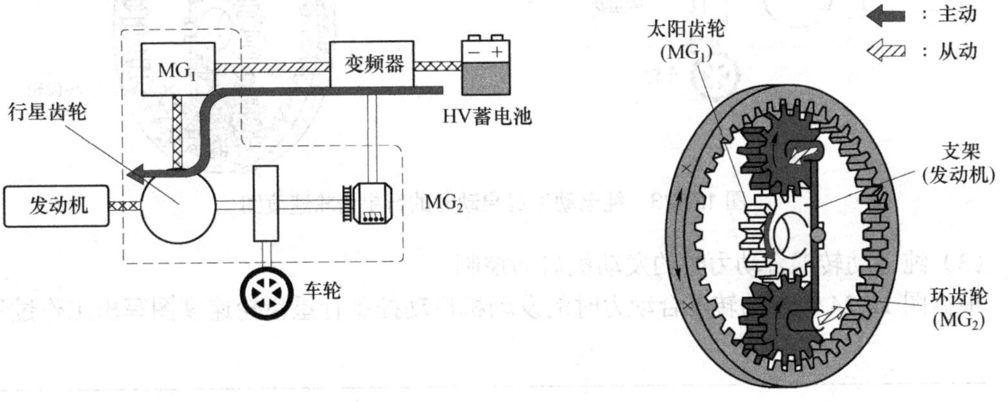

图 12-21　启动控制行星齿轮速度图

根据图 12-22 发动机拖动 MG_1 发电时的行星齿轮速度图写出工作过程：

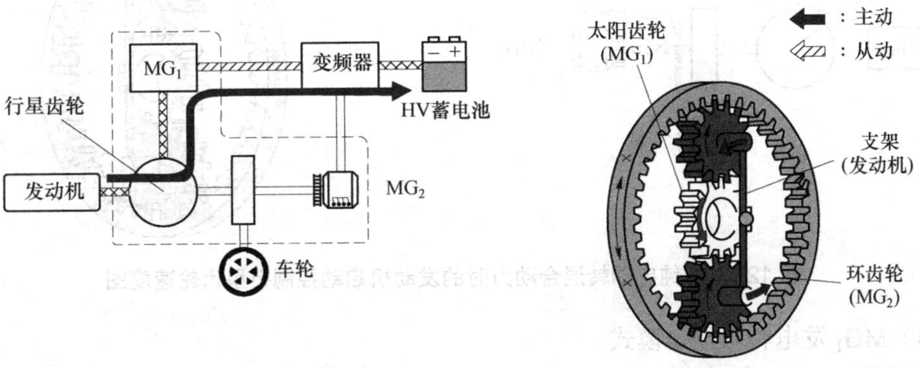

图 12-22　发动机拖动 MG_1 发电时的行星齿轮速度图

（2）MG_2 电动时的纯电动工况启动

根据图 12-23 纯电动工况启动时的行星齿轮速度图写出工作过程：

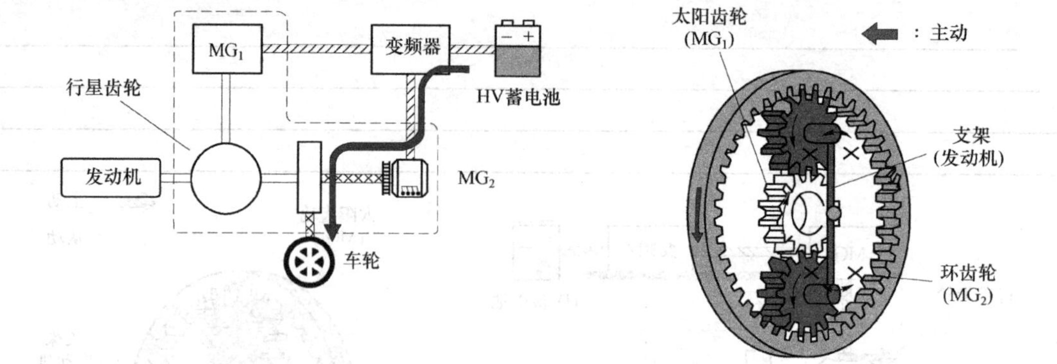

图 12–23　纯电动工况启动时的行星齿轮速度图

（3）纯电动转混合动力时的发动机启动控制

根据图 12-24 纯电动转混合动力时的发动机启动控制行星齿轮速度图写出工作过程：

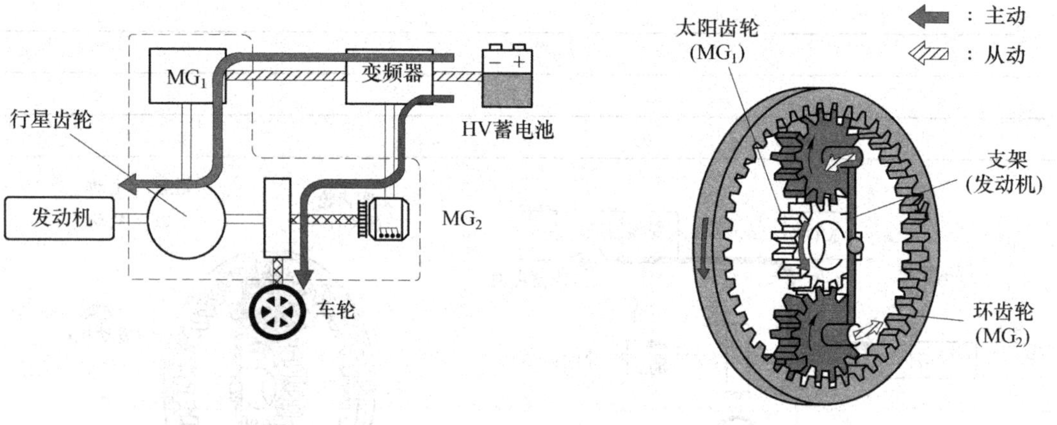

图 12–24　纯电动转混合动力时的发动机启动控制行星齿轮速度图

（4）MG_1 发电和微加速模式

根据图 12-25 MG_1 在小负荷做发电机用时的行星齿轮速度图写出工作过程：

根据图 12-26 MG_1 在微加速模式时做电动机时的行星齿轮速度图写出工作过程：

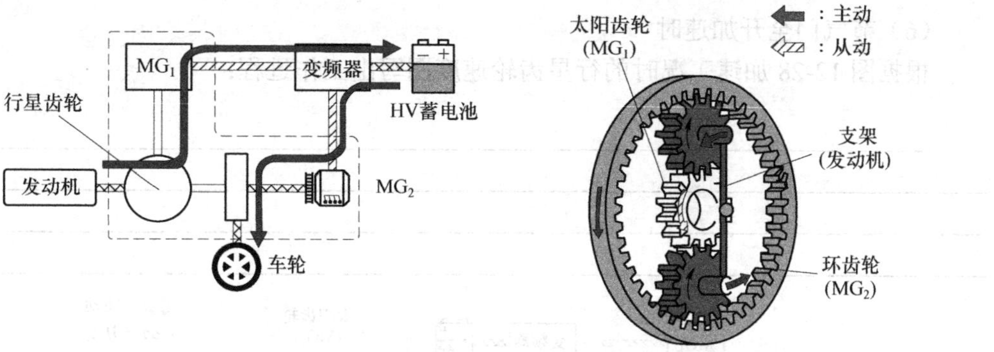

图 12-25 MG_1在小负荷做发电机用时的行星齿轮速度图

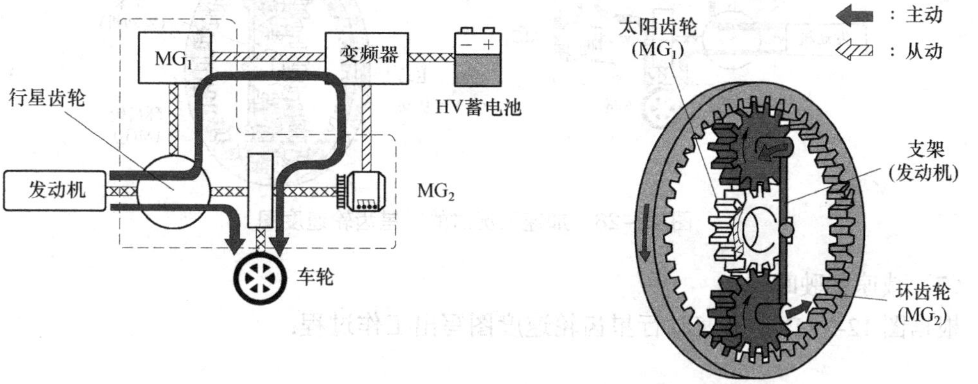

图 12-26 MG_1在微加速模式时做电动机时的行星齿轮速度图

（5）低载荷巡航时

根据图 12-27 MG_1 在低载荷巡航时的行星齿轮速度图写出工作过程：

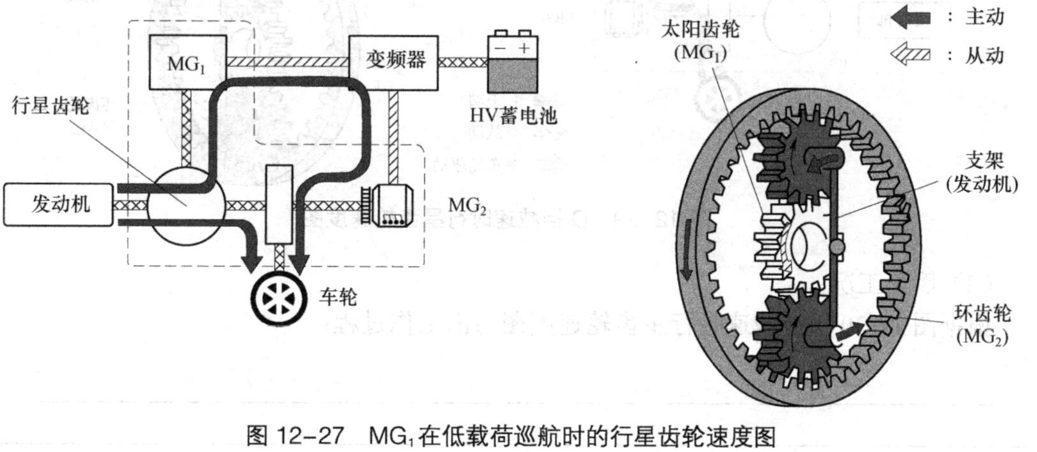

图 12-27 MG_1在低载荷巡航时的行星齿轮速度图

（6）节气门全开加速时

根据图 12-28 加速工况时的行星齿轮速度图写出工作过程：

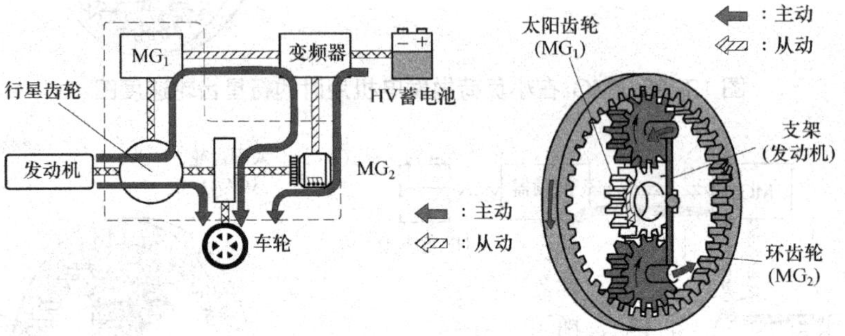

图 12-28　加速工况时的行星齿轮速度图

（7）减速行驶时

根据图 12-29 D 挡减速时行星齿轮速度图写出工作过程：

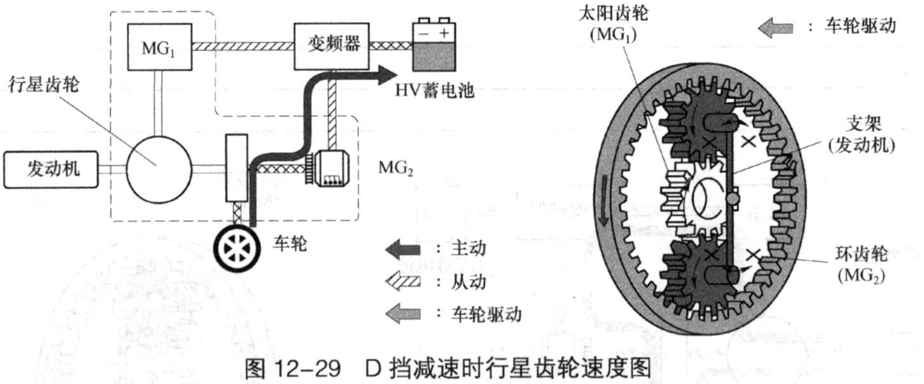

图 12-29　D 挡减速时行星齿轮速度图

（8）倒车工况

根据图 12-30 B 挡减速时行星齿轮速度图写出工作过程：

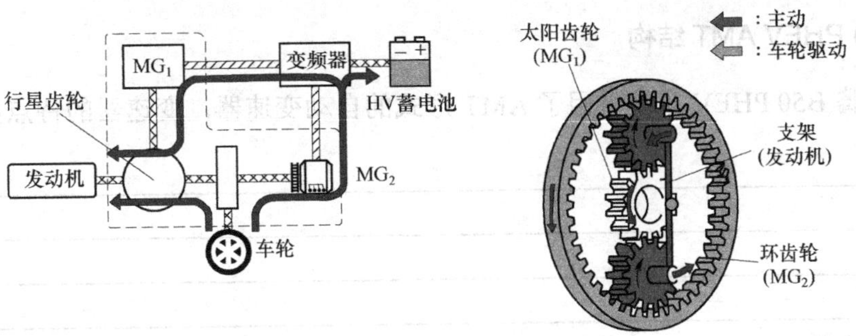

图 12-30 B 挡减速时行星齿轮速度图

12.8 一汽 B50 插电式

1. B50 PHEV 品牌简介

一汽奔腾 B50 PHEV 采用双电机全混合结构，具备混合动力所具有的发动机________、________、__________、________、_________、制动能量回收的功能，具备插拔式可外接_________功能。

2. B50 PHEV 系统结构

完成图 12-31 红旗混合动力汽车 PHEV 系统结构的空白部分。

____

____

____

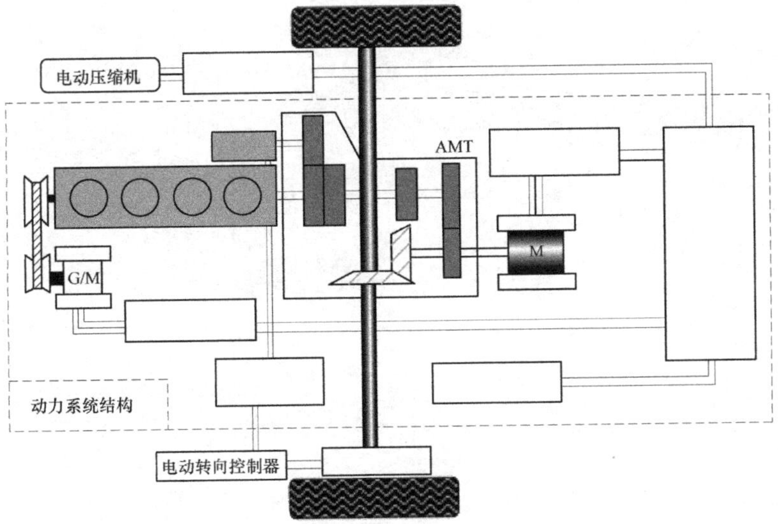

图 12-31 红旗混合动力汽车 PHEV 系统结构

3. B50 PHEV AMT 结构

一汽奔腾 B50 PHEV 系统采用了 AMT 形式的自动变速器，变速器的特点如下：

（1）离合器

（2）变速器控制

·第 13 章·

氢燃料电池汽车

13.1 燃料电池汽车概述

1. 燃料电池汽车的优点

（1）对比内燃机汽车

燃料电池汽车路试时可以达到________%的效率，其能量转换效率比内燃机要高 2～3 倍（普通内燃机汽车只有________%）。燃料电池可节省石油，减小世界对石油的依存度。

（2）对比混合动力汽车

混合动力汽车的效率平均低于____%，也无法与燃料电池汽车进行效率对比。在排放方面燃料电池电动汽车仅排放热和水，是高效的清洁汽车。

（3）对比纯电动汽车

目前（2015 年）燃料电池车的续航时间为纯电动车的____倍左右，一般设计里程为 500 千米。只有少量杂质可能造成极少量的______和________排放，制氢过程中所用能量可以用太阳能或风能，是真正的__________汽车。

2. 燃料电池汽车价格

（1）车辆售价

目前（2015 年）纯电动特斯拉售价为______万美元（国内约在_______万美元以上），续航里程为_______千米，充电时间相对较长。宝马 I3 售价为_______万美元，续航里程为_____千米。比亚迪 E6 售价为______万美元，续航里程超 300 千米，充电时间也相对较长。

2015 年丰田生产的燃料电池汽车售价为_______万美元，汽车充气只需_____分钟，续航里程为______千米。从以上可以看出，燃料电池汽车离我们不会太远。

（2）燃料比较

① 能量密度。

目前各种燃料的能量密度（Wh/kg）如下：汽油约为_________Wh/kg、氢氧燃料电池约为________Wh/kg（实用化）。

② 燃料成本。

2009 年用电解法制备一千克液氢大约需要________～________度电（包含压缩制冷耗电），如果液氢先通过燃料电池转化为电，按 60%的发电效率计算，一千克氢能发电________度。

3. 燃料电池的简单发电原理

目前燃料电池的能量转化效率仅达到________%。

13.2 分类和发展状况

1. 燃料电池的分类

按电解质划分，燃料电池大致上可分为五类：__________电池（Proton Exchange Membrane Fuel Cell，PEMFC）、______________电池（Alkaline Fuel Cell，AFC）、__________电池（Phosphoric Acid Fuel Cell，PAFC）、____________电池（Molten Carbonate Fuel Cell，MCFC）、___________电池（Solid Oxide Fuel Cell，SOFC）。

2. 质子交换膜电池的特点

燃料电池种类繁多，其性质和温度范围随所用电解质的性质而异，对于汽车用燃料电池，质子交换膜燃料电池（PEMFC）最为适合，因为 PEMFC 具有以下特点。

（1）能量密度大

PEMFC 的能量密度大，比能量可达到______Wh/kg 左右。FCEV 要求采用氢气作为燃料电池的质量比功率不小于______W/kg，采用甲醇作为燃料电池的质量比功率不小于______W/kg。

（2）易于快速启动

PEMFC 一般在常温条件下运行，当温度在______℃左右时易于快速启动。减少了温度对燃料电池材料的影响，提高了电池性能，延长了电池的寿命。

（3）适合部分负荷特性

PEMFC 可以连续不断地工作，适合_____负荷特性的要求，这些优越的性能为 PEMFC 在 FCEV 上使用带来了很大便利。

（4）单体电池的电压高

PEMFC 的单体电池的电压____，是电动汽车较理想的一种电源，有利于减轻电动车辆的整备质量和降低电动车辆使用费用。

燃料电池的燃料有________、________和_________三种。

3. 燃料电池汽车的问题解决

（1）____

（2）____

（3）____

（4）____

13.3 质子交换膜燃料电池

1. 车用燃料电池

质子交换膜燃料电池的英文是________________________。燃料电池分许多种，有高温的，有低温的，有各种各样用处的，我们现在能车用的就叫质子交换膜燃料电池。它的工作温度在一百摄氏度以下，工作的条件是现阶段催化剂必须用______，另外就是仅能通过 H+的质子交换膜，该膜有很小的孔，氢分子是无法通过的，必须把氢分子分解成氢原子，再丢掉一个电子以后，变成一个带正电荷的质子才能通过。

2. PEMFC 燃料电池结构

H+交换膜 IEM（__________________）是 PEMFC 的核心。

正、负电极通常称为______________MEA（Membrane Electrode Assembly）。

在正、负膜电极的两侧装有______________，集流板的类型分为石墨板、表面改性的金属集流板和碳-聚合物复合材料板等。

3. 单体燃料电池组工作原理

（1）产生氢气

PEMFC 的负极（燃料极）产生的化学反应方程式如下：

____

PEMFC 的正极（氧化极）产生的化学反应方程式如下：

____

PEMFC 总的化学反应式如下：

____

____

____

____

（2）压力和湿度

压力和湿度对燃料电池的影响：

____

____

____

____

（3）一氧化碳

一氧化碳对燃料电池的作用：

____

____

____

____

4．燃料电池组（堆）结构

单体 PEMFC 的电压一般在_____V 左右。

13.4 典型燃料电池汽车

1．燃料电池发动机

（1）以氢气为燃料的燃料电池发动机系统

以氢气为燃料的燃料电池发动机系统包括：_______________、_______________；_______________；_______________；_______________。

（2）以甲醇为燃料的燃料电池发动机系统

在以甲醇为燃料的燃料电池发动机系统中，用甲醇供应系统代替了上述的_______________________________________系统，包括甲醇储存装置，甲醇供应系统的泵、管道、阀门、加热器及控制装置等。

2．燃料电池汽车电源复合结构

（1）纯燃料电池（PFC）

纯燃料电池（PFC）的特点：

____

____

____

（2）燃料电池+辅助电池联合驱动（FC+B）

燃料电池+辅助电池联合驱动（FC+B）的特点：

____

____

____

____

（3）燃料电池+超级电容联合驱动（FC+C）

燃料电池+超级电容联合驱动（FC+C）的特点：

____

____

____

____

（4）燃料电池+辅助电池+超级电容联合驱动（FC+B+C）

燃料电池+辅助电池+超级电容联合驱动（FC+B+C）的特点：

____

____

____

____

13.5 丰田商品化燃料电池汽车

1. Mirai（未来）参数介绍

____

____

____

____

2. Mirai（未来）结构

丰田 Mirai 汽车中，由于燃料电池的功率大，但电压并不高，为了实现驱动电机要通过__________升压后传给逆变器（动力控制单元）。

丰田 Mirai 的燃料电池堆功率为__________。特别值得一提的是氢气和氧气采用__________导入，实现了电解质膜自然加湿，这大大压缩了电池体积和成本，是超越三星和本田汽车的技术之一。

·第 14 章·

电动汽车制动系统

14.1 基本知识

1. 再生能量制动

（1）再生制动的功能

什么是再生制动？

（2）再生制动分析

什么情况下使用再生制动？

（3）混合制动比例分析

什么叫混合制动？

2. 减速度法能量回收

汽车减速度大说明驾驶员施加的制动力大，制动时是以制动减速度为目标控制，所以也根据汽车减速度进行能量回收控制。例如，某后轴驱动客车利用减速度限值再生制动方法，分为以下几种情况：

（1）减速度小于 0.15g

（2）减速度介于 0.15～0.4g 时

（3）减速度介于 0.4～0.7g 时

（4）减速度大于 0.7g 时

14.2 真空助力制动系统

1. 真空度

计算结果表明，当最小真空度为_______ kPa 以上时（即表针向左摆得越多助力效果越好），才可为制动系统提供满足设计要求的制动助力。

图 14-4　真空表（指针逆时针转动，所以为负值，负号不代表数量大小）

2. 真空源

传统内燃机轿车制动系统的真空助力装置的真空源来自于发动机的进气歧管，真空度负压一般可达到__________～__________MPa。

3. 压力延时开关

压力延时开关也称压力开关，为__________开关，当真空度大到一定值时__________。

4. 压力传感器

电动真空泵控制也可采用电控单元控制，只要把压力开关换成绝对压力传感器，电动真空泵由控制单元控制继电器控制即可。国内的一些纯电动汽车里，由真空助力器__________传感器、整车控制器 ECU、____________工作继电器、真空泵电动机组成一个闭环真空度控制系统，以保证制动时真空助力器的正常工作。

14.3 线控制动系统组成

1. 线控制动简介

什么叫线控制动？

____

____

____

____

2. 线控制动增加部件

日本丰田普锐斯混合动力汽车的线控制动系统相对传统带真空助力器的制动系统主要增加了行程模拟器，增加了带有________的车辆稳定控制液压执行器，增加了取消真空助力器的____________，还增加了一个备用__________装置。

（1）行程模拟器

行程模拟器的作用是什么？

____

____

____

____

（2）取消真空助力器的制动总泵

取消真空助力器的制动总泵的作用是什么？

____

____

____

____

（3）备用电源装置

备用电源装置的作用是什么？

____

____

____

____

在图 14-9 中写出普锐斯的主要组件名称。

3. 普锐斯液压系统主组件功能

制动执行器液压源部分包括泵、泵电机、蓄能器、减压阀和蓄能器压力传感器，液压源部分产生并存储制动防滑控制 ECU 用于控制制动的液压。

蓄能器压力传感器安装在制动执行器中。制动执行器液压控制部分包括 2 个总泵切断电磁阀、4 个增压电磁阀和 4 个减压电磁阀。2 个双位型总泵切断电磁阀由制动防滑控制 ECU 控制打开或关闭总泵和轮缸间的通道。4 个线性增压电磁阀和 4 个线性减压电磁阀由制动防滑控制 ECU 控制以增减轮缸中的液压。总泵压力传感器和轮缸压力传感器都安装在制动执行器中。

制动防滑控制 ECU 处理各种传感器信号和再生制动信号，以便控制再生制动联合控制、带 EBD 的 ABS、VSC+、制动助力和正常制动。根据各传感器的信号来判断车辆行驶状况，并控制制动执行器。

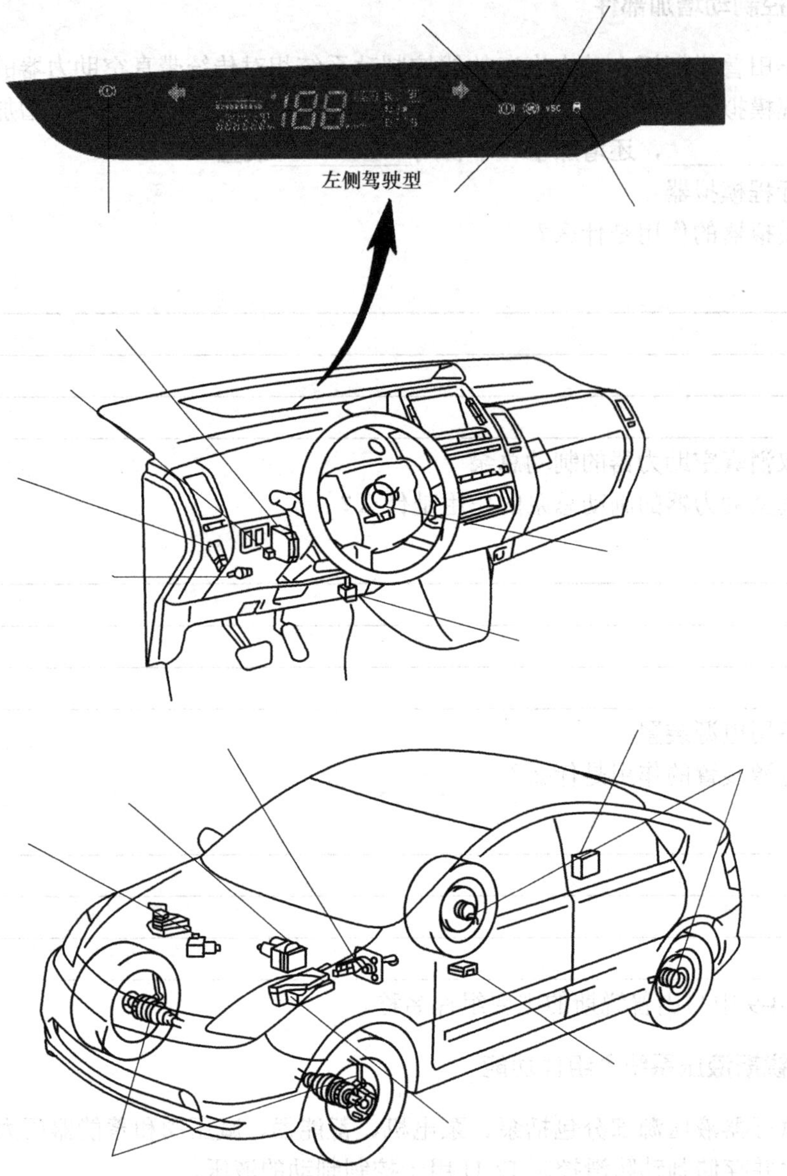

图 14-9　普锐斯的主要组件位置

（1）主要部件功能

① 制动总泵。

② 制动踏板行程传感器。

③ ABS 警告灯。

④ VSC 警告灯。

⑤ 防滑指示灯。

⑥ 制动控制系统警告灯。

⑦ 制动系统警告灯。

⑧ 制动防滑控制警告蜂鸣器。

⑨ HV-ECU。

⑩ 制动液液面警告开关。

（2）制动执行器液压源

① 蓄能器压力传感器。

② 泵和泵电机。

③ 蓄能器。

④ 减压阀。

（3）液压控制部分

① 总泵切断电磁阀（双位两通常开型）。

____

____

____

____

② 增压电磁阀和减压电磁阀（线性）。

____

____

____

____

③ 总泵压力传感器。

____

____

____

____

④ 轮缸压力传感器。

____

____

____

____

14.4 线控制动系统原理

1．线控制动系统功能

行车制动 EBD 的作用：

____

____

____

____

2．EBD 系统的工作原理

制动防滑控制 ECU 根据 4 个____________发出的信号来计算各车轮的转速和

________，并检查车辆________状况。根据滑移率情况，制动防滑控制 ECU 控制供压阀和减压阀，以便用下列 3 种模式来调节各轮缸的液压：______________模式、______________模式和______________模式。

3．ABS 系统工作原理

（1）增压过程

参考图 14-13 所示增压过程，写出工作原理：

____

____

____

____

____

____

____

____

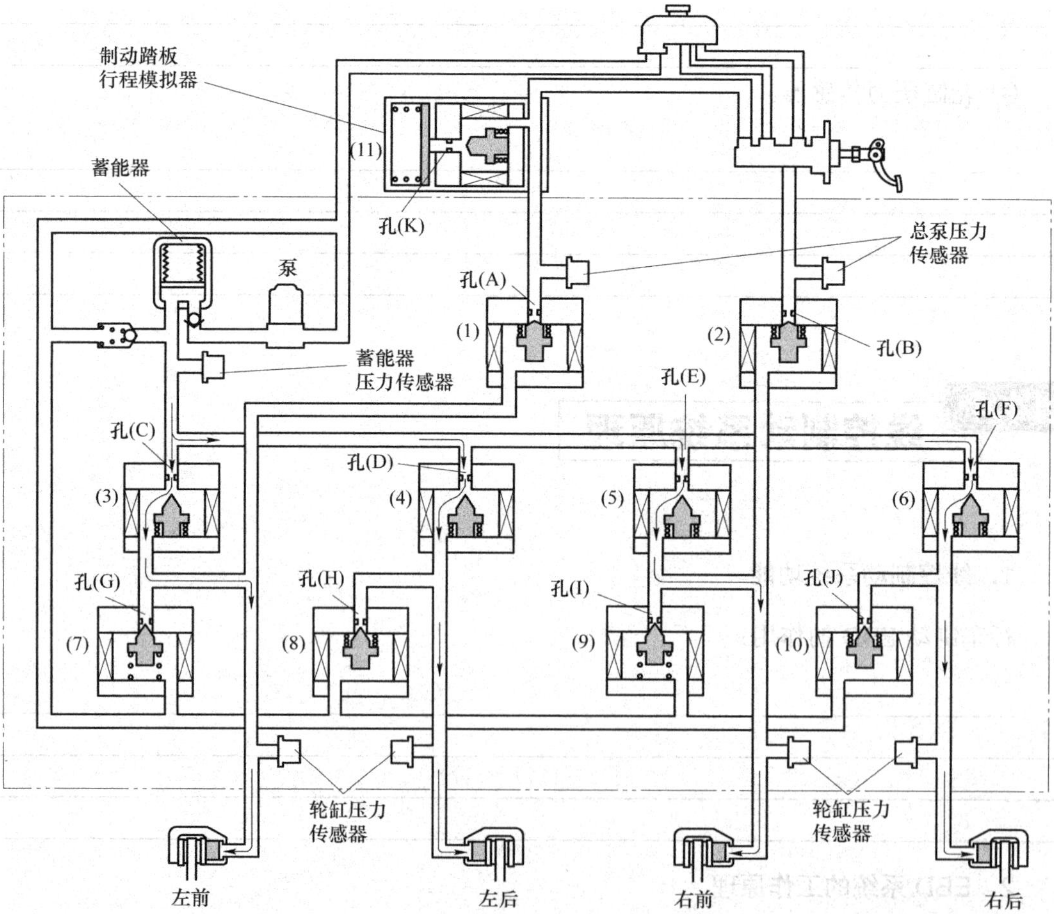

图 14-13　增压过程

（2）保持过程

参考图 14-14 所示保持过程，写出保压原理：

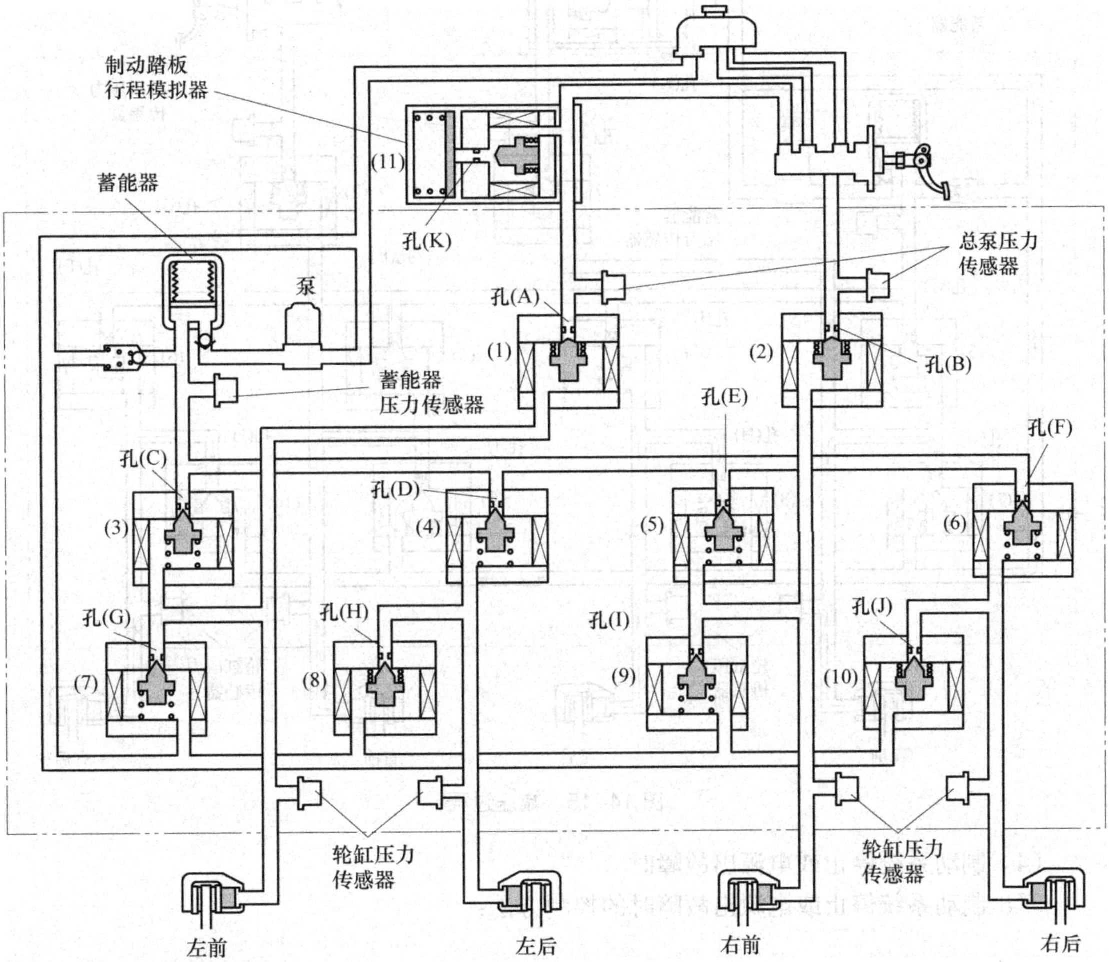

图 14–14 保持过程

（3）减压过程

参考图 14-15 所示减压过程，写出减压原理：

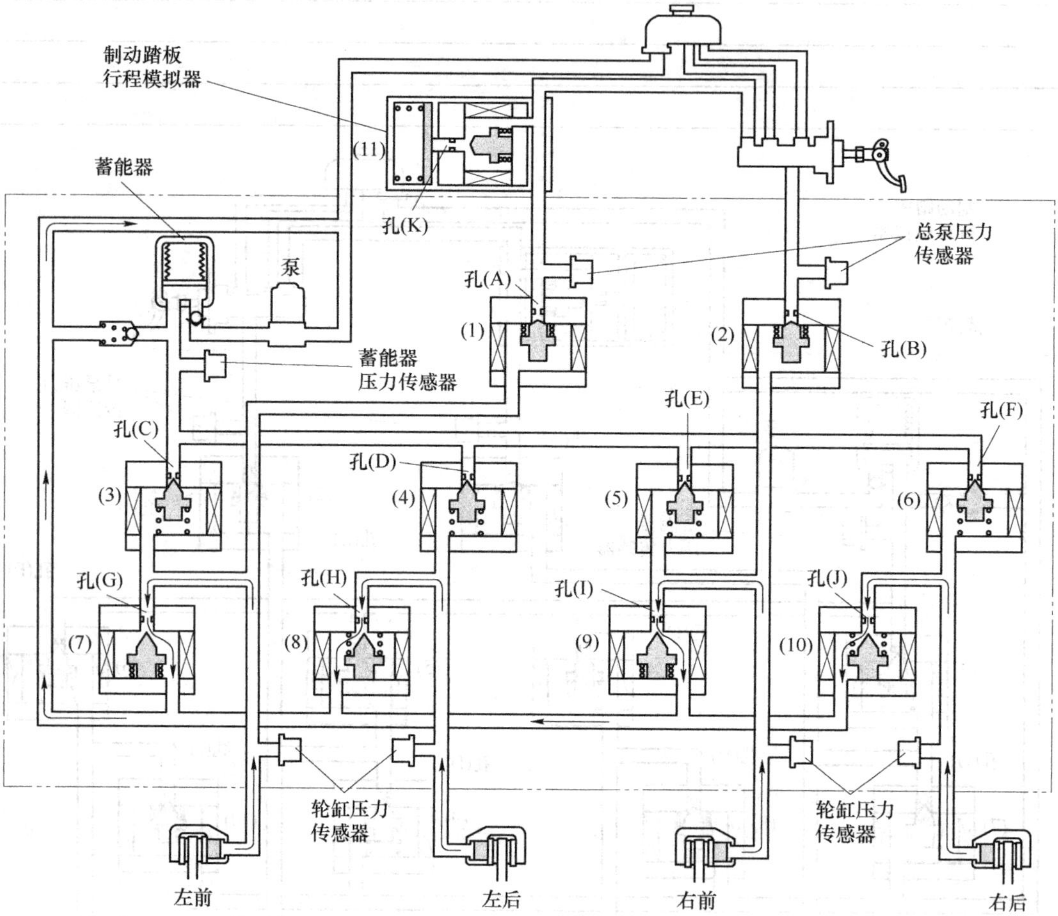

图 14–15　减压过程

（4）制动系统停止或电源出故障时

写出制动系统停止或电源出故障时的控制方法：

4．制动助力操作

参考图 14-16，写出制动助力操作过程：

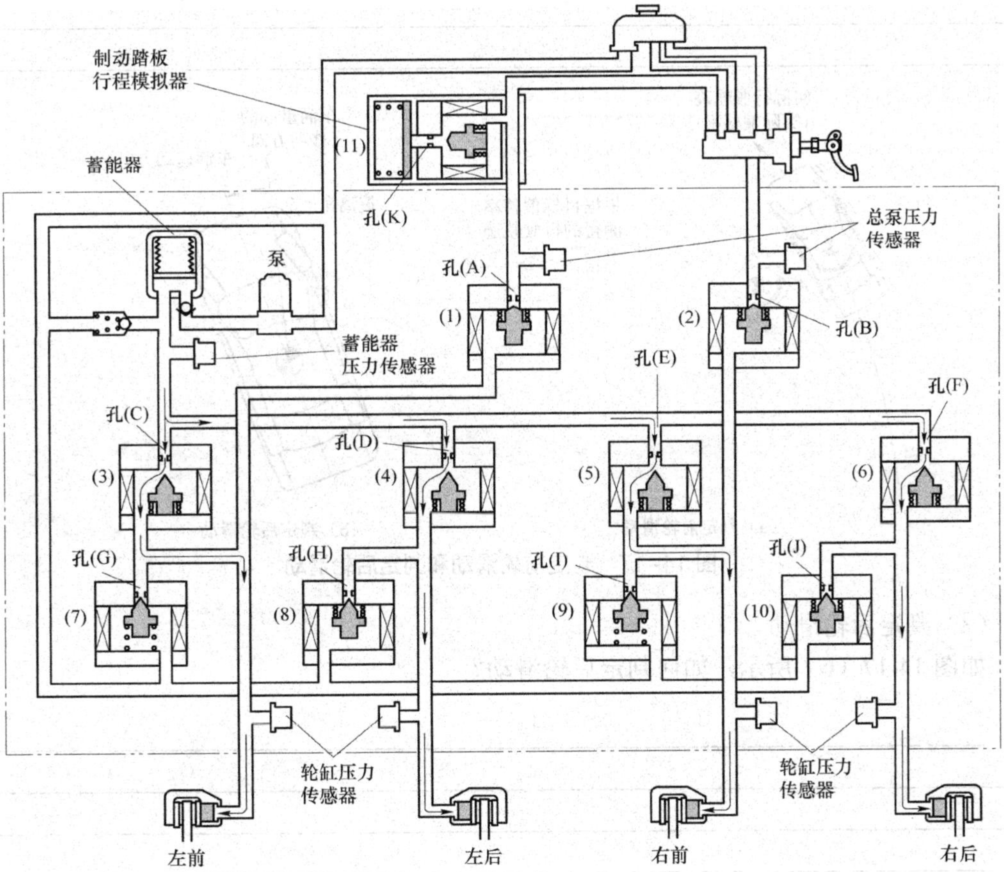

图 14-16 制动助力操作

5. VSC+系统

（1）判定车辆状态的方法

为了判定车辆状态，传感器检测转向角、车速、车辆偏移率和车辆的横向加速度，然后将这些值输入制动防滑控制 ECU 来计算。

（2）判定前轮滑动

如图 14-17（a）所示，如何判定前轮滑动？

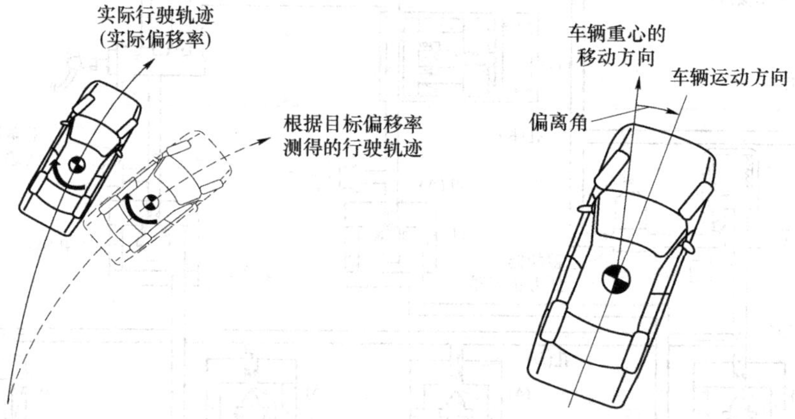

（a）判定前轮滑动　（b）判定后轮滑动

图 14-17　判定前轮滑动和判定后轮滑动

（3）判定后轮滑动

如图 14-17（b）所示，如何判定后轮滑动？

（4）VSC+控制方法

（5）阻止前轮滑动

如图 14-18（a）所示，如何阻止前轮滑动？

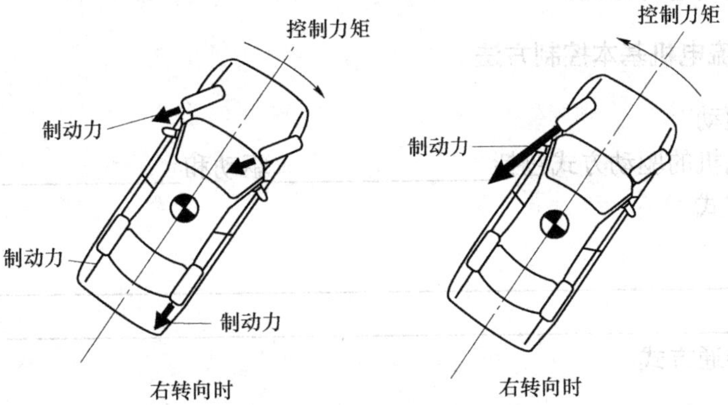

（a）阻止前轮滑动　　（b）阻止后轮滑动

图 14–18　阻止前轮滑动和阻止后轮滑动

（6）阻止后轮滑动

如图 14-18（b）所示，如何阻止后轮滑动？

14.5 能量回馈控制

1. 能量回馈

（1）什么是能量回馈

____

____

____

____

（2）回馈制动的潜力

目前，无刷直流电机大多采用______结构，采用_______方式。现在，电动汽车存在着电池能量低、充电时间长等问题，而电动汽车的_______、______又消耗了大量能量。在《电动汽车用电机及其控制器》国家标准中给出的车辆基本城市循环中，_______%时间处于减速过程，回馈制动潜力很大。

2. 无刷直流电机基本控制方法

（1）全桥驱动

无刷直流电机的驱动方式包括_______________驱动和_______________驱动。

（2）导通方式

____

____

（3）两两导通方式

____

____

____

（4）三三导通方式

____

____

____

3. 单相回馈制动基本原理

电动车用无刷直流电机的回馈制动分为_____________情况，一种为_____________，通过驱动器直接向蓄电池回馈电能，同时提供制动的电磁转矩，比如下坡时可能出现此种情况；更多的时候则是出现在车速没有超过____________时的减速过程中。在此过程中，电机处于发电状态，将电动车减速过程中的部分动能回馈到蓄电池。驱动电机进入发电工作状态，其发电电压必须高于蓄电池电压才能输出电功率，所以需要对制动过程进行有效控制。基本控制原理为________________（Boost Chopper）。

4．三相回馈基本原理

（1）续流阶段

在续流阶段，无刷直流电机的电流流向如图 14-20 所示。

____

____

____

____

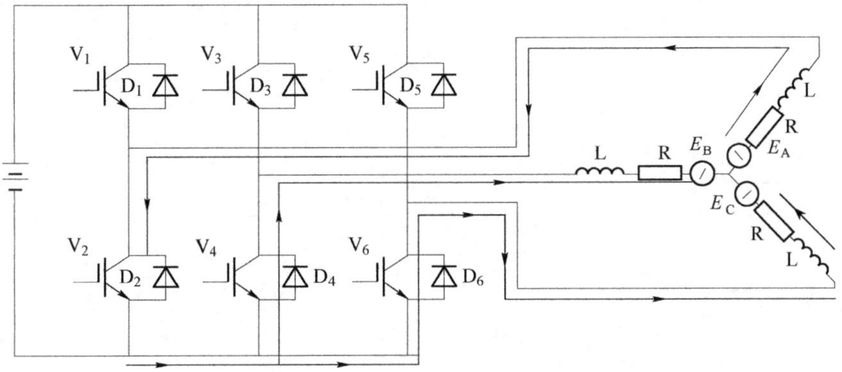

图 14-20　续流阶段电流流向示意图

（2）回馈阶段

此阶段的电流流向如图 14-21 所示。

____

____

____

____

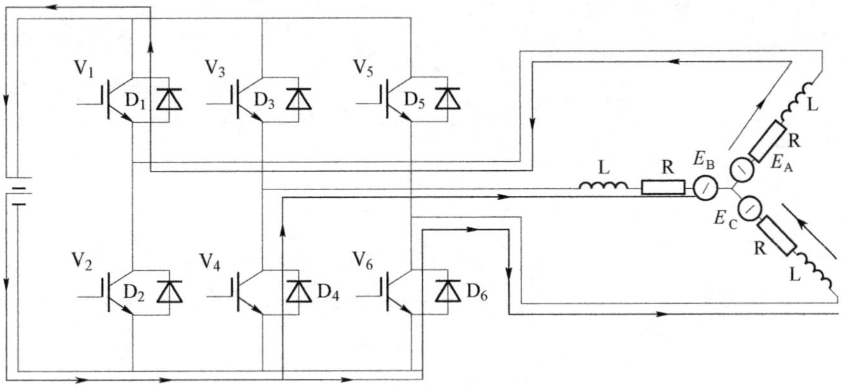

图 14-21　回馈阶段电流流向示意图

5. 能量回馈约束

在回馈制动过程中，相应的主要约束条件有：

（1）________________

（2）________________

（3）________________

·第 15 章·

电动汽车空调系统

15.1 制冷/制热方式

空调制冷/制热方式：

（1）________________________________

（2）________________________________

（3）________________________________

（4）________________________________

15.2 电动轿车空调制冷方式

汽车空调压缩机大致分为三类：

- ________________________________
- ________________________________
- ________________________________

15.3 普锐斯空调系统

1. 空调变频器

空调变频器的作用：

____

____

____

____

电动变频压缩机转速控制——根据图 15-10 所示写出电动变频压缩机转速控制过程：

____

____

____

____

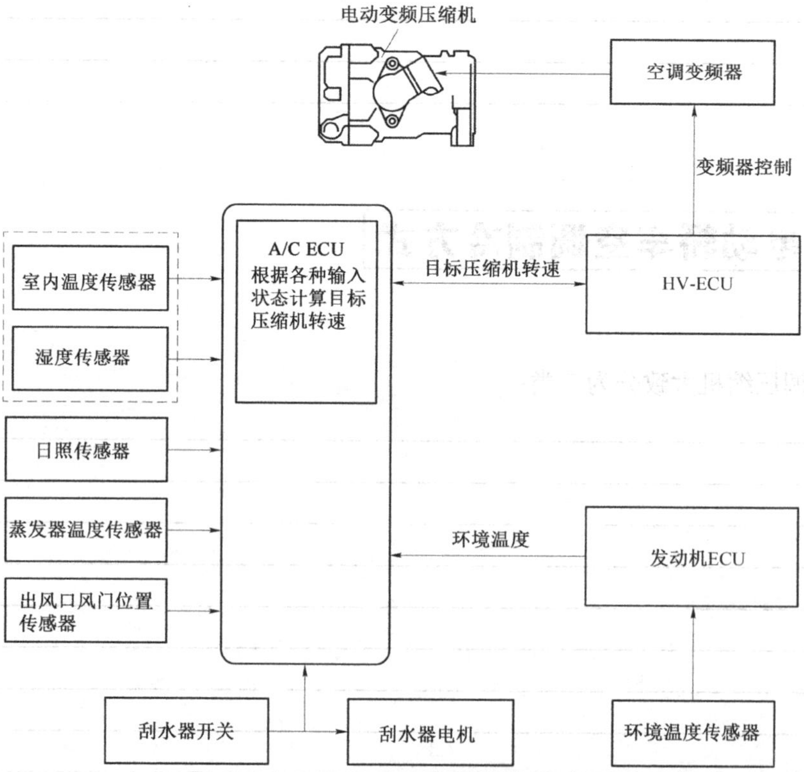

图 15-10　电动变频压缩机转速控制

2．系统图和主组件位置图

写出图 15-13 中主组件的名称。

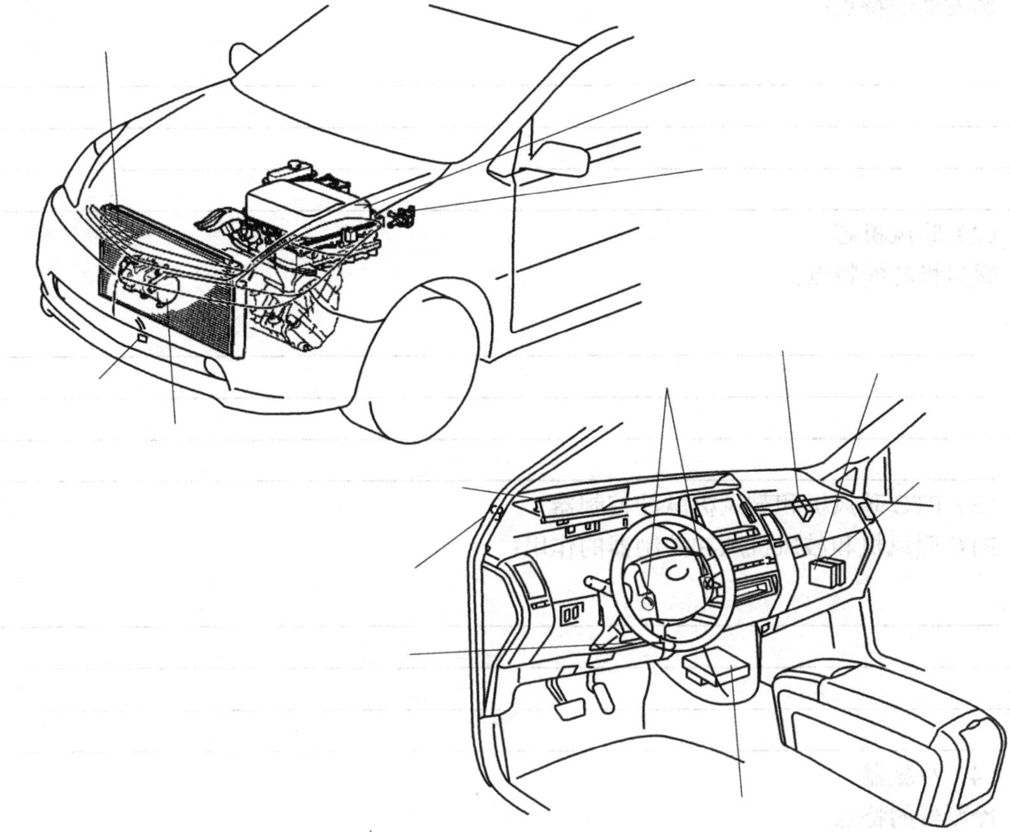

图 15-13 主组件位置图

3. 空调其他部件介绍

（1）蒸发器

蒸发器的特点：

（2）暖风机芯

暖风机芯的特点：

（3）PTC 暖风机和鼓风机脉冲控制器

PTC 暖风机和鼓风机脉冲控制器的作用：

（4）冷凝器

冷凝器的特点：

（5）水泵

水泵的特点：

（6）车内温度和湿度传感器

车内温度和湿度传感器的作用：

（7）空气过滤器

空气过滤器的特点：

·第16章·

电动助力转向系统

16.1 简介和分类

1. 电动转向系统简介

电动助力转向系统（____________________，EPS）采用永磁同步直流无刷电机带动减速机构进行助力，控制 ECU 引入转矩传感器和车速传感器。控制 ECU 根据转向盘的转矩传感器信号进行助力控制，转矩信号越大，助力效果控制越________。同时根据车速信号进行控制，车速越高，助力效果_____。

2. 电动转向系统的优点

（1）____

____

____

（2）____

____

____

3. 电动转向系统分类

电动助力根据电机的助力位置分为___________和___________两种。

______________型是指电机安装在齿条方向上，分为_________________式齿条助力型和________________式齿条助力型。

16.2 小齿轮电动助力转向系统

1. 双小齿轮的电动助力转向系统

（1）电机助力转向装置

（2）转向装置的部件

转向装置的部件及功能：

① 转向盘转角传感器 G85。

② 转向开关。

③ 转向力矩传感器 G269。

④ 电机 V187。

⑤ 助力转向控制单元 J500。

____
____
____
____
____

（3）结构特点

电动助力转向装置采用电机驱动电动小齿轮，驾驶员操纵原________________，所需要的转向力借助于这两个小齿轮传到齿条上。

（4）电控系统

补全图 16-6 奥迪双小齿轮的电动助力转向系统电控系统组成。

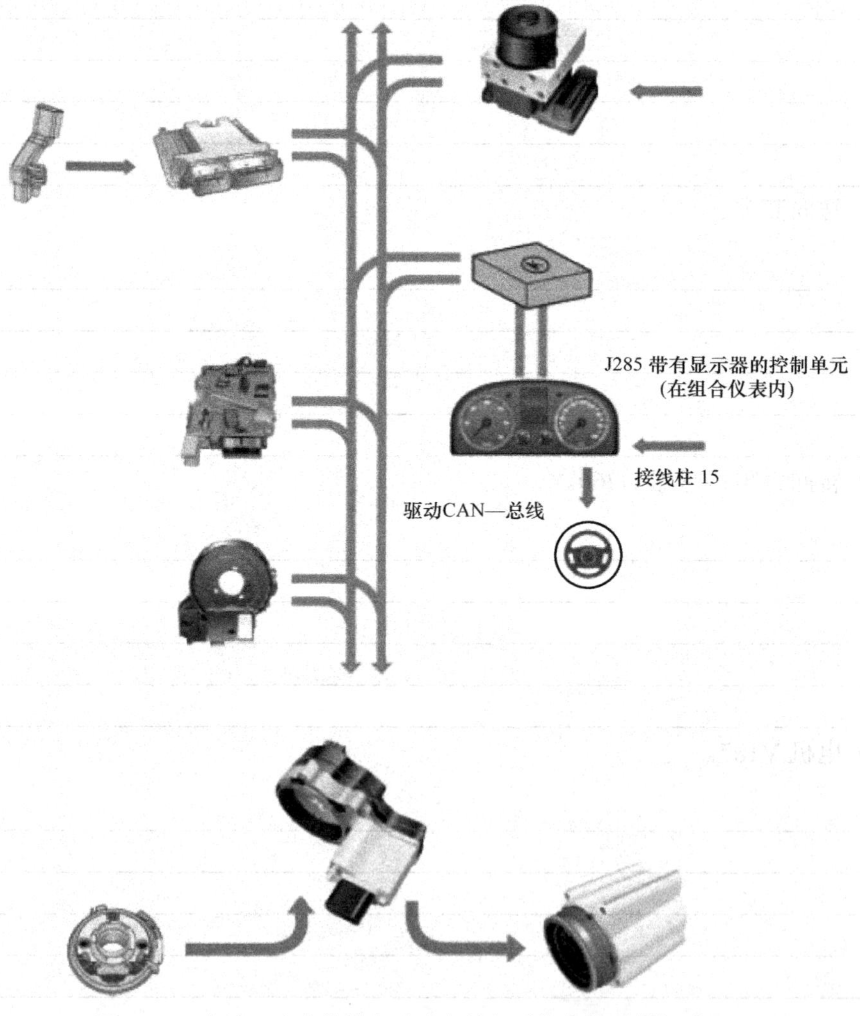

图 16-6　奥迪双小齿轮的电动助力转向系统电控系统组成

补全图 16-7 双小齿轮转向系统电路图。

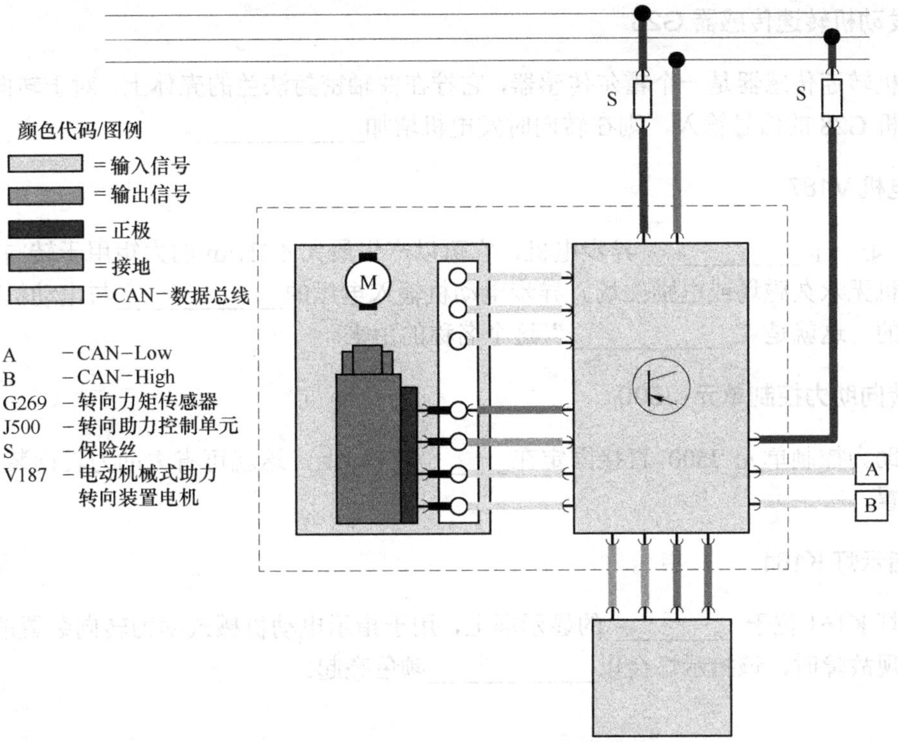

图 16-7　双小齿轮转向系统电路图

16.3 转向装置电控部分

1. 转向角传感器 G85

转向角传感器 G85 角度的测量采用的是＿＿＿＿＿＿＿＿原理。

2. 转向力矩传感器 G269

磁阻效应力矩传感器 G269，转向盘上作用的力矩是由转向力矩传感器 G269 直接在转向小齿轮上测得的。这个传感器是根据＿＿＿＿＿＿＿来工作的。

3. 转子转速传感器

转子转速传感器是电动机械式助力转向装置电机 V187 的一个组件，从外面是＿＿＿的。

4. 车速

车速信号由＿＿＿＿＿＿＿控制单元来提供。

5．发动机转速传感器 G28

发动机转速传感器是一个霍尔传感器，它拧在曲轴密封法兰的壳体上。对于转向系统，若有发动机 G28 的信号输入，则在转向时发电机增加____________。

6．电机 V187

V187 是一个____________异步电机，它可以产生最大 4.1N·m 的力矩用于转向助力。异步电动机无永久磁场或电励磁场。异步电动机输入电压的____________与电动机转动频率是不同的，这就是“____________”这个名称的由来。

7．转向助力控制单元 J500

转向助力控制单元 J500 直接固定在____________上，这就可省去助力转向装置复杂的管路布置。

8．指示灯 K161

指示灯 K161 位于__________的显示屏上，用于指示电动机械式助力转向装置的故障。在出现故障时，该指示灯会以____________颜色亮起。

·第 17 章·

电动汽车仪表

17.1 传统汽车仪表

1. 传统汽车仪表组成

见教材中图 17-1 和图 17-2 传统燃油汽车________________、__________________、________________和__________________。

指示灯用于____。

故障灯表示____。

警告灯表示____。

2. 仪表指示灯

将各仪表灯的图案填入表 17-1 中。

表 17-1　汽车组合仪表故障灯、警告灯和指示灯说明

仪表灯名称	图　案	仪表灯名称	图　案
安全气囊故障灯		巡航系统故障灯	
ABS 系统故障灯		灯光系统故障灯	
制动蹄磨损指示灯		后备箱开启指示灯	
制动系统警告灯		车门开启指示灯	
柴油机预热指示		油箱少油指示灯	
电子节气门故障灯		冷却液面低或过热指示灯	
机油压力过低警告灯		蓄电池放电警告灯	

续表

仪表灯名称	图　案	仪表灯名称	图　案
柴油机排气颗粒故障灯		发动机故障灯	
动力转向故障灯		前机舱盖开启指示灯	
电子驻车故障灯		后雾灯指示灯	
ESP/TCS 故障灯		机油液面过低警告灯	
左转向指示灯		胎压监控故障灯	
右转向指示灯		制动踏板指示灯	
拖车转向指示灯		安全带警告灯	
远光指示灯		白天行车指示灯	
清洗液位低指示灯		油箱盖开启指示灯	

3. 指示灯的意义

① 发动机机油压力过低警告灯：

② 油箱盖开启指示灯：

③ ESP 电子稳定性程序工作指示灯：

④ 颗粒排放滤清器堵塞警告灯（柴油发动机）：

⑤ 与制动有关的故障灯和警告灯：

-
-
-

⑥ 蓄电池充电警告灯：

⑦ 发动机诊断故障灯：

⑧ 柴油发动机预热指示灯：

⑨ 柴油滤清器放水警告灯：

⑩ 乘员侧安全气囊解除警告灯：

⑪ 安全气囊故障灯：

⑫ 座椅安全带未扣紧警告灯：

⑬ 车门未关紧警告灯：

⑭ 防盗器故障灯：

⑮ 燃油液位低警告灯：

17.2 电动汽车仪表

1. 电动汽车仪表功能

丰田普锐斯 2012 款仪表如图 17-3 所示，图中显示有安全带指示灯、______________、油箱油量指示灯、______________、车速表、______________、电子驻车指示灯、__________、充电状态指示灯、纯电动模式指示灯、短里程、里程、油耗、平均车速显示等。

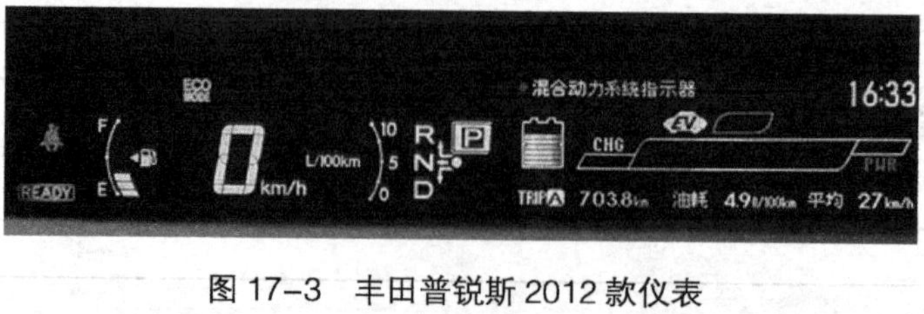

图 17-3　丰田普锐斯 2012 款仪表

2. 电动汽车新增仪表和标志

（1）仪表

① 动力电池荷电状态：

② 动力电池电压：

③ 动力电池电流：

（2）故障灯、警告灯和指示灯

① READY 指示灯：

② 动力电池充电状态指示灯：

③ 过热警告灯：

④ 动力系统警告灯：

⑤ 动力电池故障警告灯：

⑥ 过热警告灯：

⑦ 12V 铅酸蓄电池不充电警告灯（传统汽车蓄电池放电警告灯）：

⑧ 发动机机油故障灯：

（3）故障信息提醒

① 电机超速提醒信息：

② 蓄电池剩余容量下限提醒信息：

③ 高压绝缘性能下降提醒信息：

④ 驾驶员不安全停车提醒信息：

·第 18 章·

其他新能源汽车

18.1 天然气汽车

1. 天然气的成分和优缺点

（1）天然气的成分

____

____

____

____

（2）天然气发动机的优缺点

____

____

____

____

2. 天然气的储存方式

天然气的储存方式有压缩天然气（______________，CNG）和液化天然气（____________，LNG）两种。天然气在汽车上可以以液态形式储存，或者以气态压缩的形式储存。目前，国内天然气汽车的开发中采用的主要是____________。

3. 液化天然气（LNG）的特点

（1）____

____

____

（2）______

（3）______

（4）______

（5）______

4．可燃冰

什么是可燃冰？

______

18.2 车用 LNG 供气系统

1．车用 LNG 供气系统基本要求

①______

②______

③______

④______

⑤ ____

____

____

2．车用 LNG 供气系统组成

车用 LNG 供气系统是 LNG 汽车的核心部分，主要由车用 LNG 气瓶、车用汽化器、稳压阀、燃气供给装置、稳压罐、安全装置等组成。液化天然气通过管路系统进入汽化器后，由发动机的冷却水加热汽化成气体，经过稳压阀，使压力降至适合发动机的需要，再通过稳压罐经电磁阀供给发动机。

（1）车用 LNG 气瓶

车用 LNG 气瓶是 LNG 汽车供气系统的重要组成部分，属于小型移动式____________，主要由内胆、外壳、绝热结构、支撑系统和附件等组成。内胆设计温度为-196℃，设计压力为________MPa，最大允许工作压力为_______MPa，内部设有________、_________、______等装置，外壁上缠绕多层绝热层。

车用 LNG 气瓶必须满足以下基本要求。

① 气瓶附件要求：

____

____

____

____

② 绝热可靠：

____

____

____

____

③ 液体充装率：

____

____

____

____

④ 具有良好的抗冲击性能：

____

____

____

____

（2）车用汽化器

汽化器具有良好的换热性能并能供给足够的热量，需满足以下基本要求。

①

②

③

④

（3）燃气供给装置

（4）稳压阀

（5）安全装置

3．车用LNG供气系统关键技术

（1）

（2）

（3）

（4）

18.3 CNG/LNG 发动机

1. 发展历程

CNG 汽车发动机经历了几代产品的演变和发展之后，呈现出如下发展趋势。

（1）________________________

（2）________________________

（3）________________________

2. CNG 发动机

根据图 18-4 完成玉柴 CNG 增压发动机系统原理图空白部分。

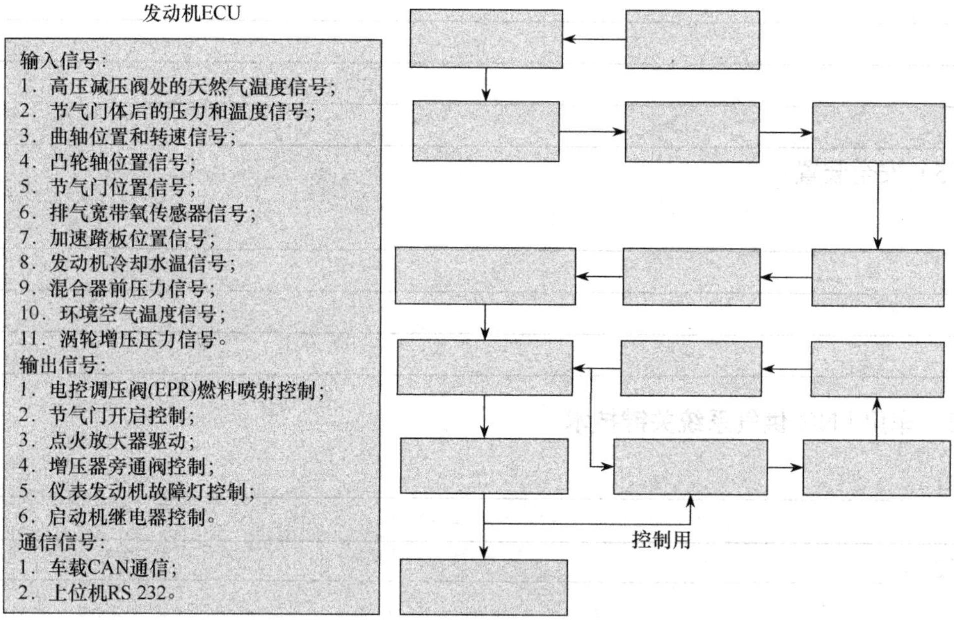

图 18-4　玉柴 CNG 增压发动机系统原理框图

根据图 18-5 完成玉柴 ECI EPR 系统自然吸气 CNG 发动机原理图空白部分。

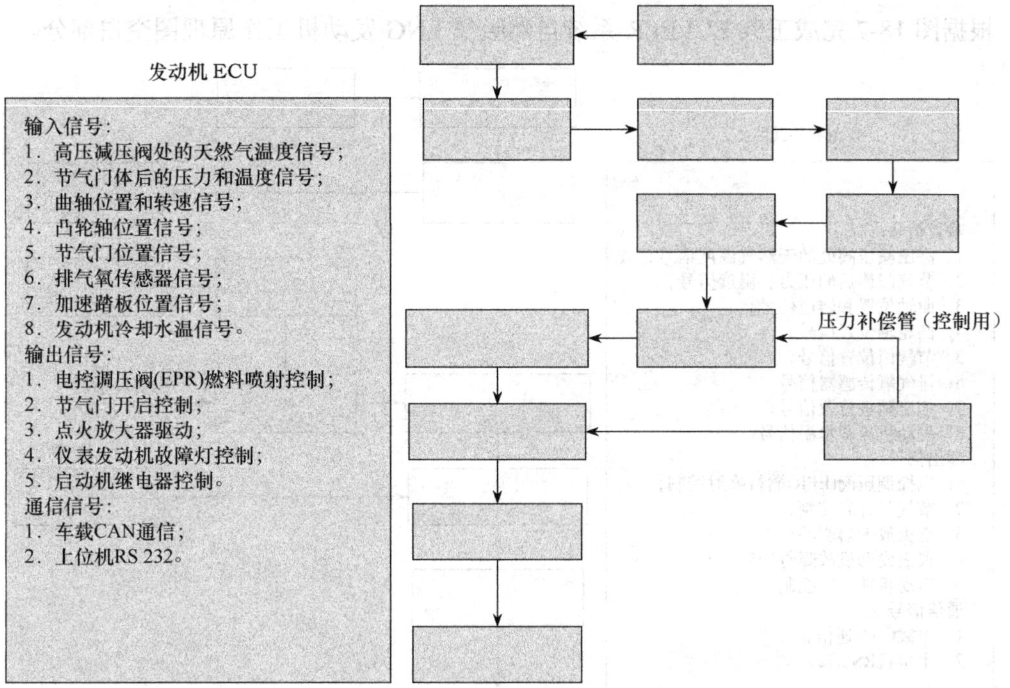

图 18-5　玉柴 ECI EPR 系统自然吸气 CNG 发动机原理框图

3. LNG 发动机

根据图 18-6 完成玉柴 ECI EPR 系统增压 LNG 发动机工作原理图空白部分。

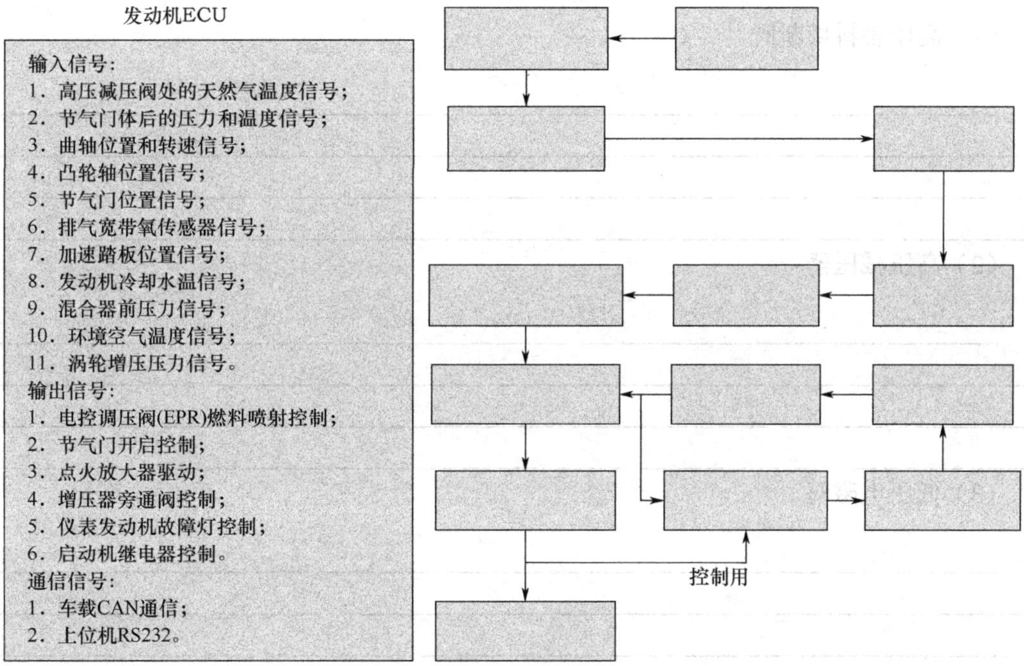

图 18-6　玉柴 ECI EPR 系统增压 LNG 发动机工作原理框图

根据图 18-7 完成玉柴 ECI EPR 系统自然吸气 LNG 发动机工作原理图空白部分。

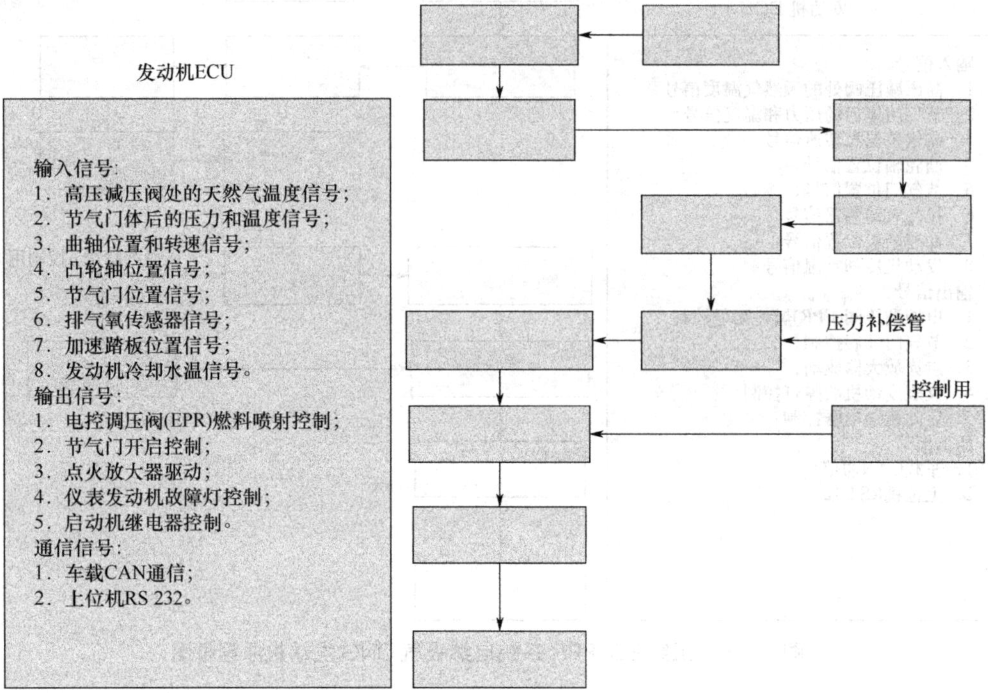

图 18-7 玉柴 ECI EPR 系统自然吸气 LNG 发动机工作原理框图

4. 主要零部件

(1) 高压燃料切断阀

(2) 高压减压器

(3) 低压电磁阀

（4）电控调压器（EPR 阀）

（5）混合器

（6）电子节气门

（7）防喘振阀

（8）废气旁通控制阀

（9）氧传感器

（10）大气环境传感器

（11）进气压力温度传感器

____

（12）凸轮轴位置传感器

____

（13）水温传感器

____

（14）天然气温度传感器

____

（15）电子油门踏板

____

（16）电子控制模块

____

18.4 压缩空气汽车

压缩空气动力汽车（________________，APV），简称气动汽车。它利用高压压缩空气为动力源，将压缩空气存储的压力能转化为其他形式的机械能，从而驱动汽车运行。

18.5 空气混合动力汽车

1. 空气混合动力汽车的发展

2011 年，____________的工程师穆卡德姆和搭档安德雷·亚尔斯成立了名为混合空气动力的研究项目，他们认为借助____________在汽车上的应用也可以实现节能减排目的，并且更加环保。

2. 动力机械组成

空气混合动力汽车主要包括三部分：__________、__________和__________系统。

3. 基本工作原理

该系统具有以下四种工作模式。

（1）发动机驱动模式

____

____

____

____

（2）纯空气驱动模式

____

____

____

____

（3）混合驱动模式

____

____

____

____

（4）能量回收

____

____

____

____

18.6 太阳能汽车

许多独立的硅片（接近1100个）被组合，形成太阳能电池方阵。依靠光伏电源供电动发动机驱动太阳能汽车。这些方阵的工作电压通常在___~_____V之间，并能提供______W的电力。

方阵输出功率的大小受到_____、______的覆盖度和________的影响。

现在有部分量产车在其天窗顶部添加了太阳能电池，经控制器、逆变器驱动车载空调工作，如高配版_________。

《汽车电力驱动系统检修》

·第1章·

绪　论

1.1 定义和分类

1. 混合动力汽车定义

____

____

____

从能量源来看，“油”可以代表____、____，甚至是______，“电”是以______、______、________三种形式储能的，但三者储存能量都来源于内燃机带动的发电机发出的电，此时“_______”。

2. 油电混合动力汽车分类

（1）按串并联分类

传统的混合动力电动汽车分为串联式和并联式。近年来出现了一种同时具有串并联特征的混合动力电动汽车，因而其分类延伸为_______、________和_______三种。

① 串联式。

串联式混合动力也称为“_______”电动汽车。如图 1-1 所示为串联式混合动力汽车简化结构，串联就是与车轮直接机械连接的仅是电机。

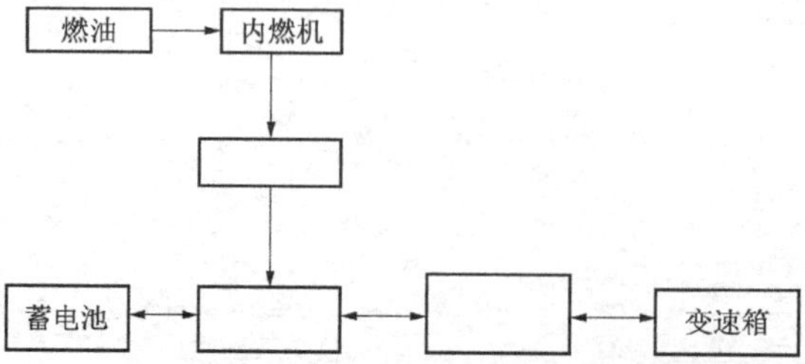

图 1–1　串联式混合动力汽车基本结构和简化结构

② 并联式。

完成图1-2所示并联式混合动力汽车简化结构的空白部分。

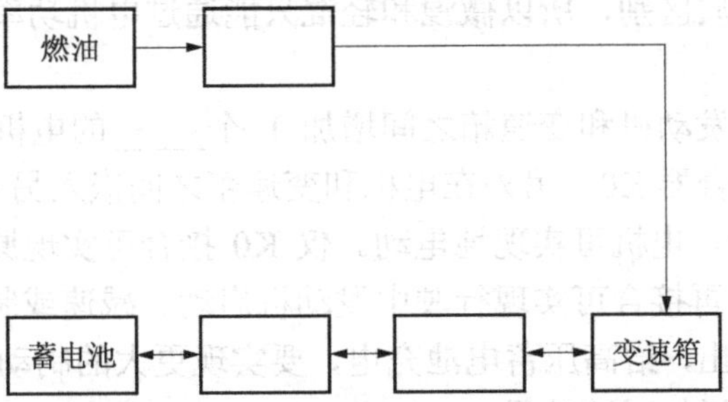

图1–2 并联式混合动力汽车简化结构示意图

③ 混联式。

完成图1-3所示混联式混合动力汽车简化结构的空白部分。

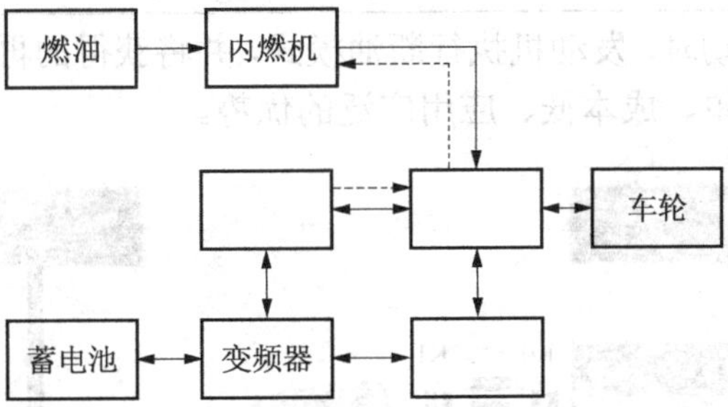

图1–3 混联式混合动力汽车简化结构示意图

（2）按照混合度分类

目前，按照混合度的分类说法也比较流行。按照我国汽车行业标准中对混合动力汽车的分类和定义，从_________占发动机功率百分比的多少分为_________、_________、_________和_________四种。

① 微混。

"微混"也称"启停"（Start-Stop）式，一般情况下电动机的峰值功率和发动机的额定功率比≤5%的为微混合动力，在交通拥堵的城市，可以实现节油率_________%。

② 轻混。

电动机的峰值功率和发动机的额定功率比在______%～____%的为轻度混合动力。

轻混型混合动力汽车的特点：

- ____；
- ____；
- ____；
- ____。

一般结构：在发动机和变速箱之间增加1个____功率的电机，在电机和变速箱之间嵌入一个离合器K1，也可能连这个离合器K1也不使用，而采用____________。

在这种类型中，发动机排量可减少________%，节油率可达到________%；技术难度相对小，成本增加不是很多。

轻混的电机转子和曲轴一体；微混的电机转子通过传动皮带带动，本质也是在曲轴上，因此这两种结构没有本质区别，所以微混和轻混只能通过电机功率的______判别。

③ 中混。

一般结构特点是在发动机和变速箱之间增加 1 个_____的电机（见图 1-4），而在发动机和电机间嵌入一个离合器 K0，另外在电机和变速箱之间嵌入另一个离合器 K1。

K1 接合，K0 断开，电机可实现纯电动。仅 K0 接合可实现原地发动机启动。在纯电动行驶中 K1 接合，K0 再接合可实现行驶中发动机启动。减速或制动时，K1 离合器接合，再生制动能量经电机发出，给高压蓄电池充电，要实现更大的制动效果，K0 再接合，通过发动机制动功能，还可增加减速效果。

中混型混合动力汽车的特点：

- 电机能单独驱动汽车，车辆停止时，有“启停”功能；
- ____;
- 车辆在减速或制动时，发动机执行断油模式，并将获得的再生制动能量充入蓄电池；
- 有技术结构较简单、成本低、应用广泛的优势。

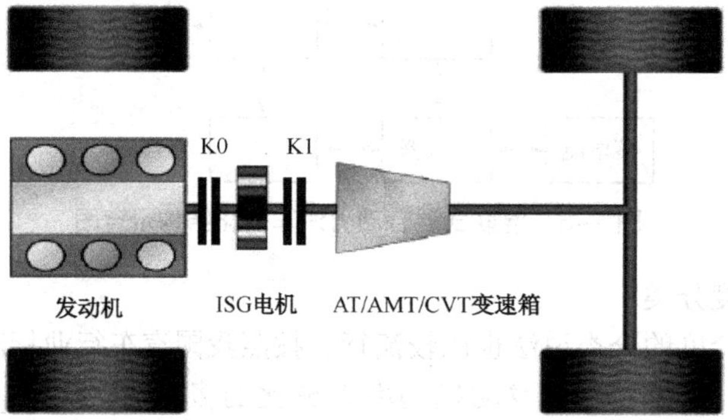

图 1-4　中混并联型混合动力结构示意图

④ 重混。

电动机的峰值功率和发动机的额定功率比在 40%以上的为重混合动力。

重混型特点：

a. ____;

b. 低速起步、倒车和低速行驶时可以纯电动驱动，同时具有制动能量回收和“启停”功能；电机的功率约为发动机功率的 50%，节油率可达到 30%～50%；

c. ____;

d. 大多采用单行星排或双星排结构，技术难度较大，成本增加多。

(3) 按能否外接电源进行充电分类

按能否能外接电源给高压蓄电池充电分为混合动力系统 HEV（____________）和插电式混合动力系统 PHEV（____________________）两种。

① 混合动力系统（HEV）的特点：

____

____

____

② 插电式混合动力系统（PHEV）的特点：

____

____

____

1.2 混动机械特性

1．汽车电机工作曲线

电机在变频器控制下的______曲线如图 1-6 所示，可以看出电机的机械特性为“______线”这两段曲线。曲线图中，电机低转速时转矩大，高转速时转矩小（也不是很低），因此电机比发动机更适合驱动汽车。

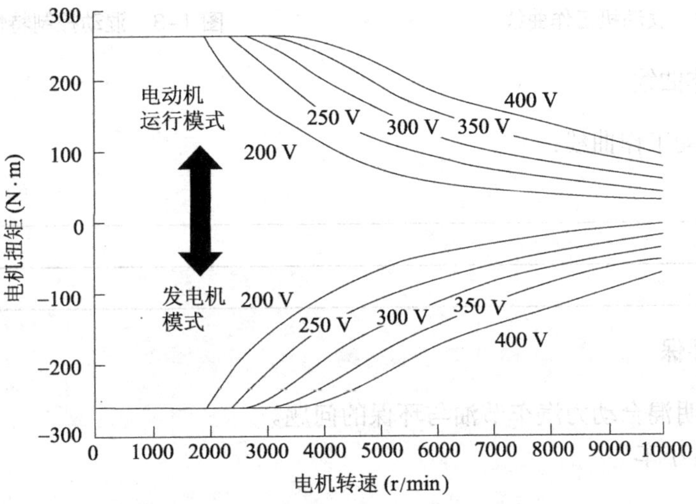

图 1-6 变频器控制特性曲线

2．发动机工作曲线

目前最好的电控发动机系统的机械外特性曲线如图 1-7 所示，除了发动机的____率（接近 75kw/l）大大提升，同时发动机在______～_____r/min 时都能输出最大转矩 280N·m，这说明汽车在不同车速时都有极好的加速超车能力，这是_______和_________技术的功劳。图 1-7 中 1800r/min 以下时转矩特性不适合汽车起步需要大转矩的要求。

在图 1-7 中若将发动机高于 1800r/min 以后转矩的两段曲线保留，低于 1800r/min 的第一段曲线删去，就非常适合汽车驱动了。

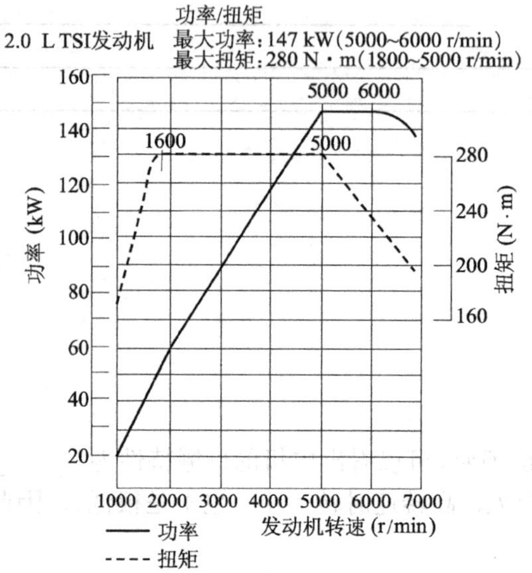

图 1-7　发动机工作曲线

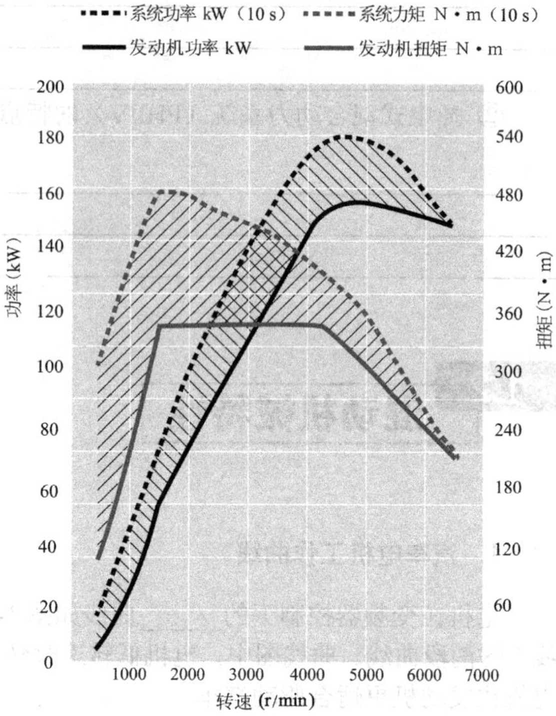

图 1-8　混动控制特性曲线

3. 混动工作曲线

说明一下混动工作曲线：

4. 节能与环保

下面开始说明混合动力汽车节油与环保的问题。

（1）“大马拉小车”

（2）发动机工作工况变化大

（3）怠速工况存在使耗油增加

（4）没有能量回收功能

1.3 混合动力汽车使用

1. 电动汽车驾驶

（1）加速踏板信号作用

（2）制动踏板控制作用

（3）换挡信息控制作用

2. 行驶模式

（1）EV 行驶模式作用

（2）PWR 模式作用

____

____

____

（3）ECO 模式作用

____

____

____

1.4 维护与劳动安全

1. 一般工作流程

维修操作分为以下三个主要过程：

（1）____；

（2）____；

（3）____。

2. 识别信息

（1）车辆识别号

如图所示，车辆识别号压印在车身和认证标签上。A 为______（见图 1-10），B 为______（见图 1-11）。

图 1–10　车辆识别

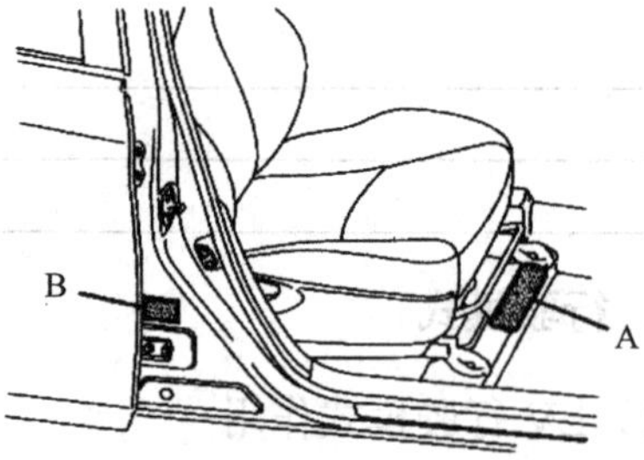

图 1–11　认证标签

（2）发动机系列号和传动桥系列号

如图 1-12 所示，发动机系列号压印在发动机气缸体上。A 为 5ZR-FXE___________，如图 1-13 所示，传动桥代码压印在壳体上，A 为__________。

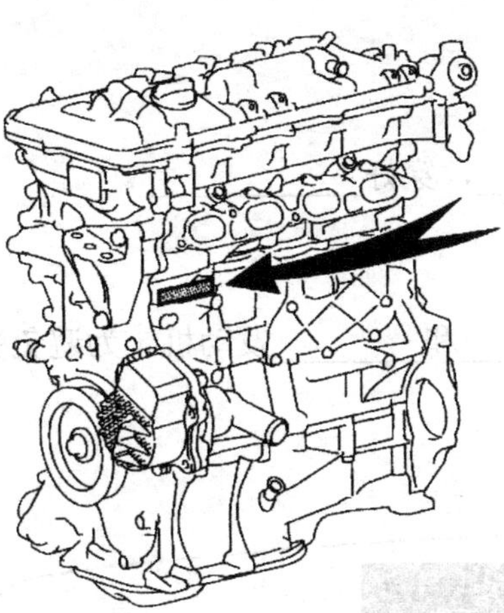

图 1-12 发动机系列号

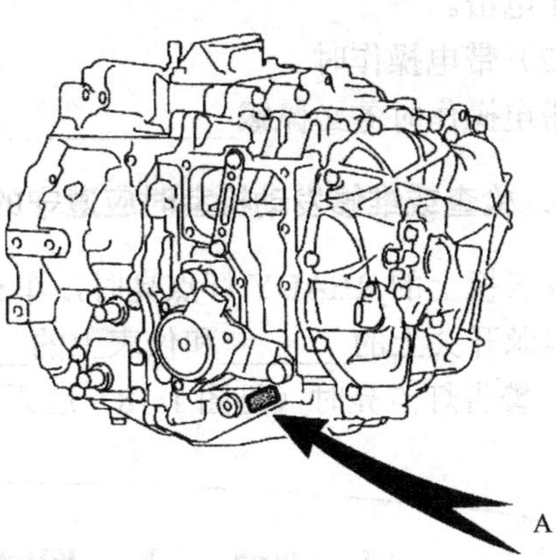

图 1-13 P410 传动桥代码

3. 维修注意事项

（1）____________________

____

____

（2）____________________

____

____

（3）____________________

____

____

（4）____________________

____

____

（5）____________________

____

____

（6）____________________

____

____

（7）____________________

____

____

4. 高压维修注意事项

（1）下电操作

在检查或维修高压系统之前，务必遵守所有安全措施，如戴好绝缘手套并拆下______

以防止电击。

（2）带电操作时

带电操作时务必佩戴____________、____________，穿好____________。

5. 检查或维修发动机室时应遵守的注意事项

仪表板上的 READY 灯点亮时，车辆会自动_______和________发动机。为避免受伤，确保电源开关上的_______和仪表上的_________熄灭。

● 警告灯点亮时（见图 1-18）应采取的措施

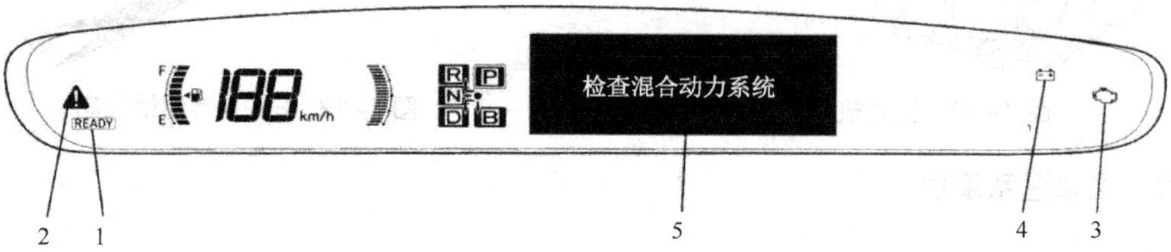

图 1–18　检查混合动力系统

1：___________；2：___________；3：___________；4：___________；5：___________。

如果主警告灯、MIL 和充电警告灯三个灯中有一个点亮：

____

____

____

主警告灯的特征是三角内有个感叹号，主警告灯点亮或闪烁，表示多信息显示屏正显示______警告。根据警告，蜂鸣器也可能鸣响。混合动力系统或混合动力蓄电池系统发生任何故障时，主警告灯点亮或闪烁，蜂鸣器鸣响，多信息显示屏上显示警告“_____________”。

发动机________灯是黄色的故障灯，当发动机控制系统中出现故障时点亮。（将电源开关置于 ON（IG）位置和 ON（READY）时也会点亮。）

蓄电池形状的________出现故障时点亮。如果此灯连同主警告灯一同点亮，则务必检查 DTC（诊断故障码）。

6. 12V 蓄电池馈电措施

写出 12V 蓄电池馈电措施。

____

____

____

7. 高压蓄电池馈电措施

写出高压蓄电池馈电措施。

8．撞击措施

（1）工作安全

（2）移走损坏车辆

牵引车辆时应遵守的注意事项：

9．检查模式程序

检查模式是在检查车辆时关闭 TRC 功能，包括__________和__________。

什么是保养模式：

什么是认证模式：

使用底盘测功机的特殊注意事项：

不使用智能检测仪激活保养模式：

使用智能检测仪激活保养模式：

不使用智能检测仪激活认证模式：

使用智能检测仪激活认证模式：

·第 2 章·

典型混合动力汽车形式

2.1 “微混型”混合动力汽车技术

1. 怠速启停操作

描述怠速启停操作。

____

____

____

2. 12V 启动机启停技术

12V 启动机启停技术为什么不能算微混？

____

____

____

3. 36V 电机启停技术

36V 启停技术本质是 BSG（________________）皮带传动启动/发电技术，是采用皮带传动方式进行____和_________的技术（见图 2-1）。

36V（12V×3）启动系统也称为______V（14V×3）系统，微混型混合动力汽车只有一台小功率 36V 电机，占用传统汽车 12V________的位置，36V 电机具有怠速启停和能量回收两种功能，这种结构可以称为微混。

4. BSG 电机功率问题

在混合动力汽车里，根据混合程度的强弱，会有不同的区分。BSG 电机若采用_______电机，当以几百伏的高电压进行驱动时，这种结构会进入轻混结构。

2.2 “轻混型”混合动力汽车技术

ISG（______________）是集成的具有_______功能的________的缩写。目前轻混型混合动力的 ISG 电机位置有两种形式：一种是___________的 BAS（BSG）形式；另一种是在发动机和自动变速器（AT/AMT/CVT）之间增加_________形式。

以下以别克君越 ECO-Hybrid 油电混合动力汽车为例介绍第一种系统，以奔驰 400 为例介绍第二种系统。

1．BSG 式轻混

BAS（______________）或 BSG（______________）驱动皮带/发电机/启动机系统。BAS 和 ISG 这两种动力系统目前只给发动机起助力作用，无法实现纯电驱动。

（1）BAS 微混动力系统结构

别克君越 ECO-Hybrid 油电混合动力配___________L 发动机。

君越 Hybrid 混合动力系统结构如图 2-2 所示，启动机/发电机总成 MGU（_____________）、启动机/发电机控制模块 SGCM（_________________）、混合动力电池组分离控制模块（____________________________），也叫能量存储控制模块（____________）、混合动力镍氢电池组（__________）、12V 电池、驱动皮带及双涨紧器总成。

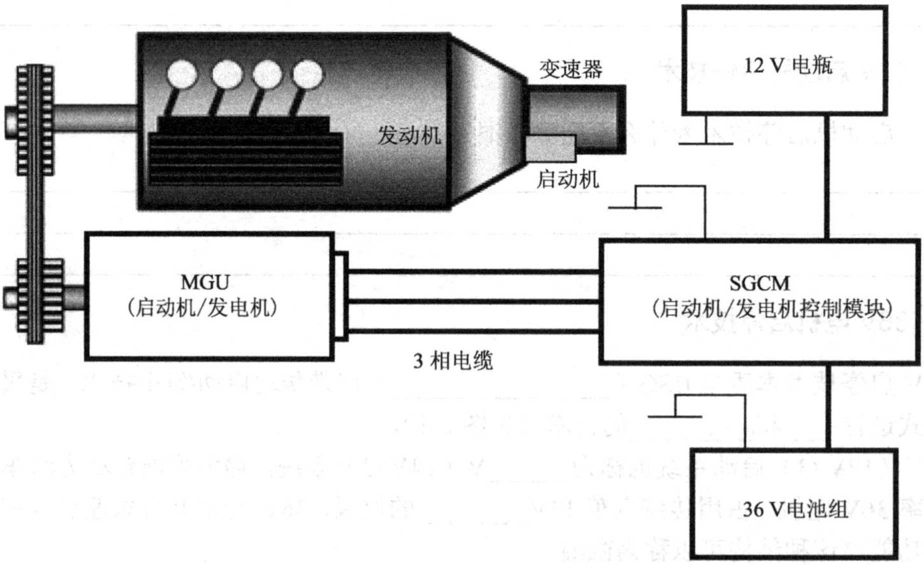

图 2–2　君越 BAS 混合动力系统结构

君越 BAS 混合动力系统自动变速箱为几挡自动变速器？___________；为什么要加辅助油泵？____________；油泵是电机带动的吗？__________；油泵电机是单向直流，还是三相交流？__________；自动变速器是横置的，还是纵置的？__________。

（2）仪表

君越BAS混合动力系统发动机转速表指针停留在AUTO STOP时该如何启动？

____；

发动机转速表指针停留在OFF时该如何启动？______________________。

（3）制动系统

特点：____

____

____

（4）空调

君越BAS混合动力系统空调OFF键的功能是什么？__________________；

ECO键的功能是什么？____；

Normal键的功能是什么？____。

（5）BAS系统工作模式——自动停机模式（Auto Stop）

写出君越BAS混合动力系统自动启动模式条件一：

____

____

____。

君越汽车有没有发动机水温表？________________。

（6）BAS系统工作模式—减速模式

BAS系统减速模式如何控制？

____

____

____。

（7）ECO指示灯点亮条件

君越BAS混合动力系统仪表中蓄电池电量表（SOC）在驾驶员急加速时指针向H，还是L摆动？____________；驾驶员急减速时指针向H，还是L摆动？____________；换挡显示是否是在表盘内？____________。

（8）电控车速感应转向助力系统

君越BAS 混合动力系统发动机机油警告灯如何点亮？____________；12V蓄电池灯如何点亮？____________。

2．并联轻混混合动力技术

图 2-11 中发动机为几缸发动机？____________；电动机的位置在什么地方？____________；电动冷却循环水泵的作用是什么？____________；电机功率模块（逆变器）在哪个位置？____________；电动真空泵的作用是什么？____________；电动空调压缩机的位置在什么地方？____________；高压蓄电池在什么地方？____________；

DC/DC 转换器在什么地方？______________。

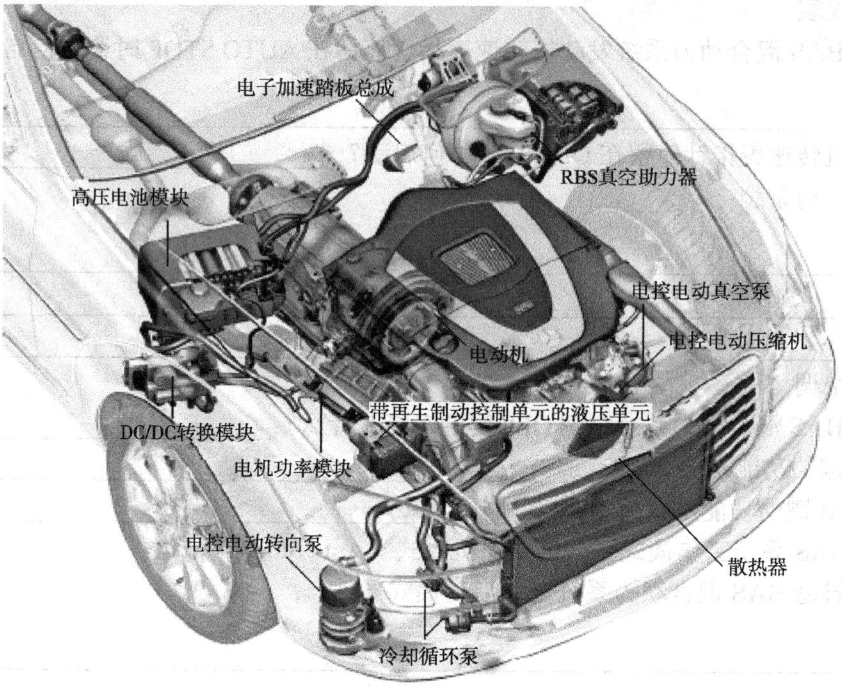

图 2–11　奔驰 ISG 混合动力系统主要零部件

写出图 2-12 中的元件名称。

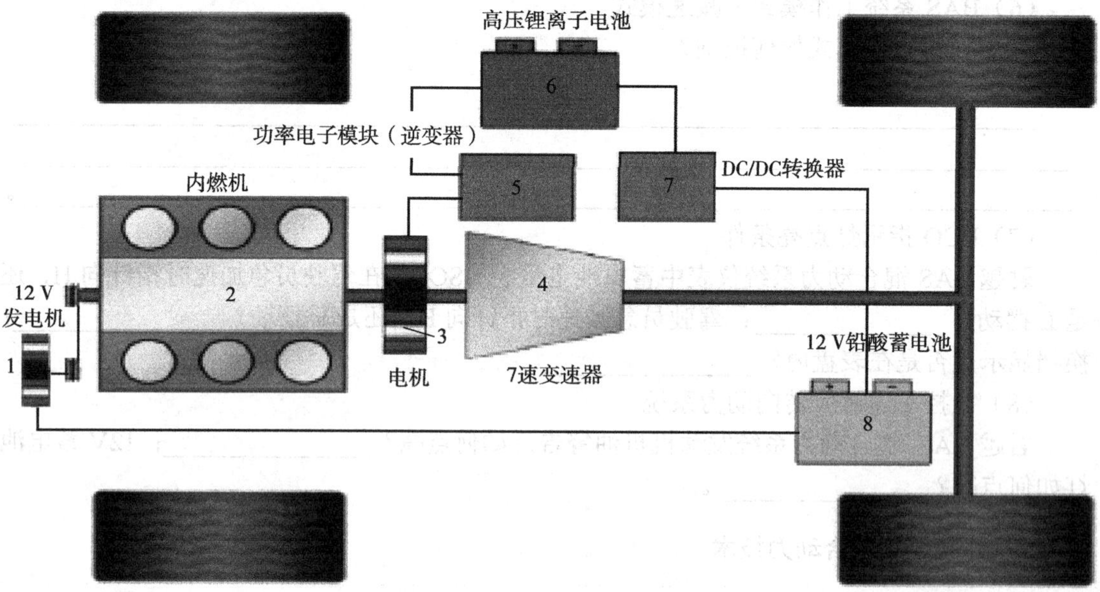

图 2–12　奔驰 400 的混合动力系统结构

1：__________；2：__________；3：__________；4：__________；
5：__________；6：__________；7：__________；8：__________。

2.3 “重混型”混合动力汽车技术

1. 蓄电池箱

第一代普锐斯的 HV 蓄电池有_____个电池单元，1.2V×6 块电池单元×38 模块为额定电压 DC_______V。相比之下，第二代普锐斯的 HV 蓄电池有______个电池单元，1.2V×6 块电池单元×28 模块为额定电压 DC________V。通过这些内部改进，蓄电池具有紧凑、重量轻的特点。第一代款普锐斯上，HV 蓄电池电池单元间为单点连接，而新款车型中的蓄电池电池单元间为双点连接，这样的改进使蓄电池的内部电阻得以降低。第二代变频器总成中配有增压转换器，它可以将 HV 蓄电池输出的额定电压 DC________V 增压到最大值 DC_______V。第二代普锐斯仪表板增加了 EV 模式开关，在只有 MG2 工作的状态下可使车辆行驶。在这些改进的帮助下，第二代普锐斯内部系统具有体积小、重量轻和大功率等特性。

2. 变速驱动桥

前驱变速器（箱）由于壳体里内置了主减速器和差速器，所以也称____________，由于内部增加了电机，所以是带有电机的变速驱动桥，这里简称变速驱动桥。

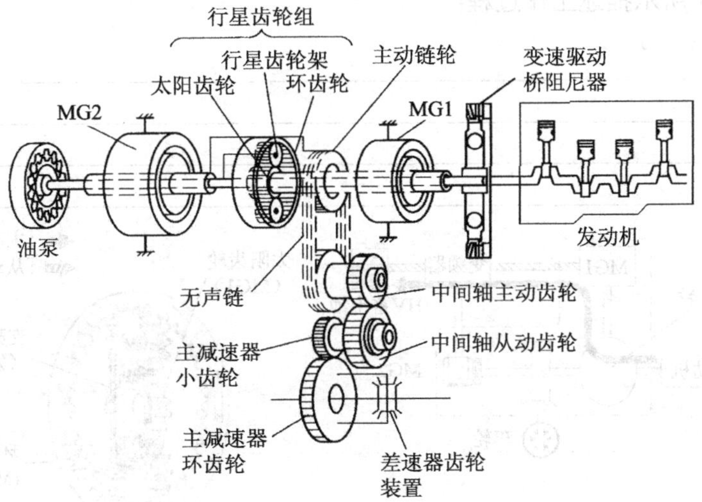

图 2–15 普锐斯变速驱动桥结构

MG1 是什么的缩写？_____________；主要功能是：________________；MG1 与行星排的什么连接？_______________。

MG2 是什么的缩写？__________________；主要功能是：________________；MG2 与行星排的什么连接？________________。

发动机和变速驱动桥之间是否有离合器？__________；主减速器为几级主减？__________。

3．动力传递

（1）驻车启动

根据图 2-16 所示描述工作过程：

____

____

____

____

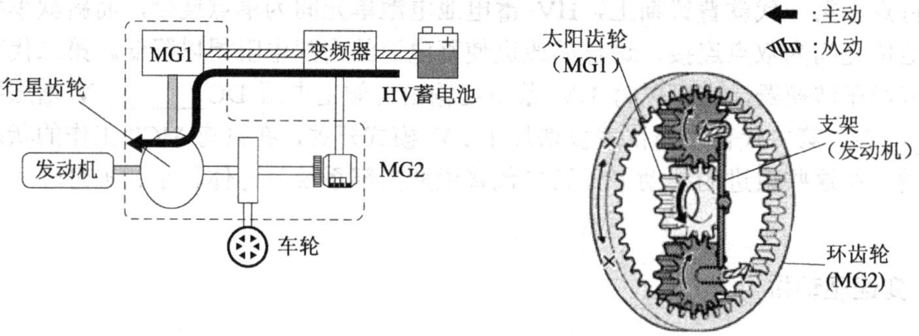

图 2-16　驻车时 MG1 为电动机启动发动机

根据图 2-17 所示描述工作过程：

____

____

____

____

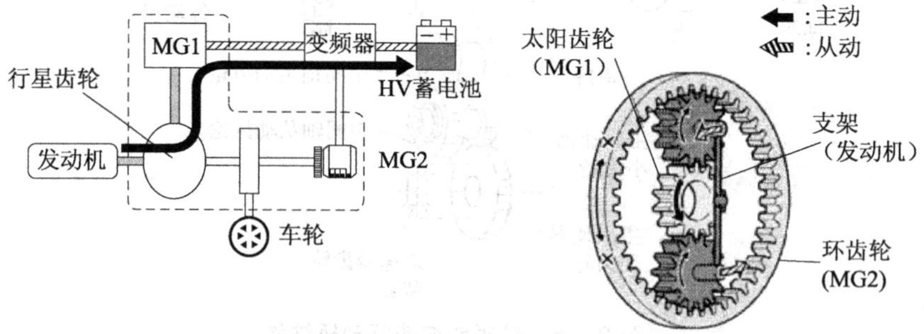

图 2-17　驻车工况，发动机拖动 MG1 发电时的行星齿轮速度图

（2）低速纯电动工况

根据图 2-18 所示描述工作过程：

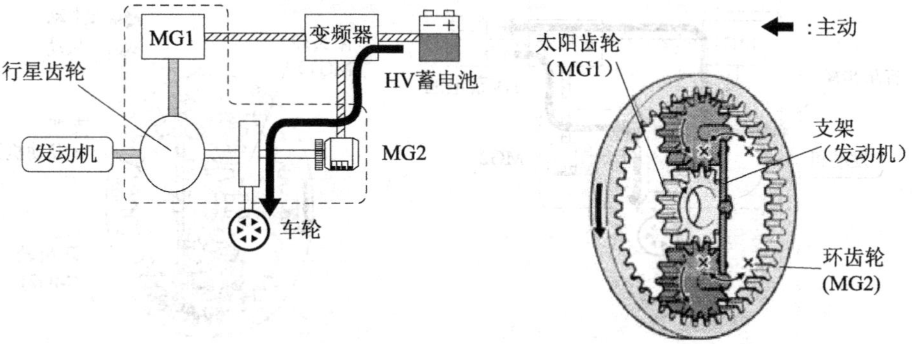

图 2–18 纯电动工况启动时的行星齿轮速度图

（3）中高速行驶（混合工况）

中高速行驶可分为纯电动转混合动力时、微加速模式、低载荷高速巡航、节气门全开加速和减速行驶五种工况来分析。

① 纯电动转混合动力时的发动机启动控制。

根据图 2-19 所示描述工作过程：

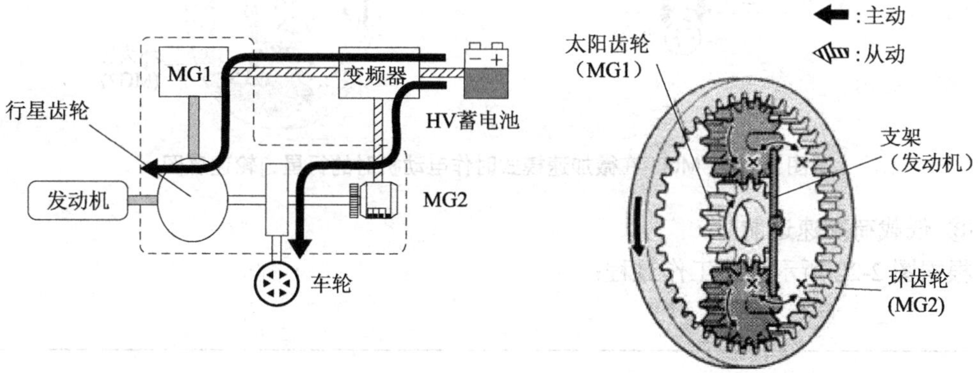

图 2–19 纯电动转混合动力时的发动机启动控制行星齿轮速度图

② 微加速模式。

根据图 2-20 所示描述工作过程：

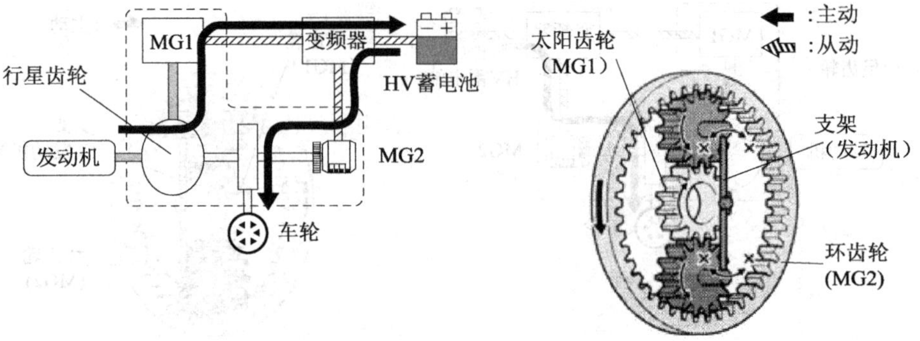

图 2-20　MG1 在小负荷作发电机用时的行星齿轮速度图

根据图 2-21 所示描述工作过程：

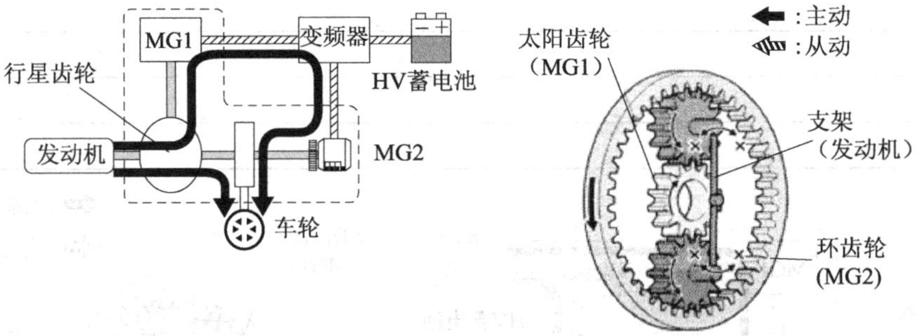

图 2-21　MG1 在微加速模式时作电动机时的行星齿轮速度图

③ 低载荷高速巡航时。

根据图 2-22 所示描述工作过程：

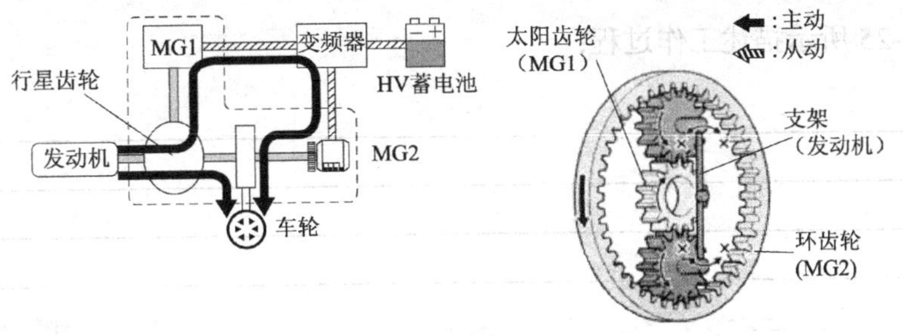

图 2-22　MG1 在低载荷巡航时的行星齿轮速度图

④ 节气门全开加速时。

根据图 2-23 所示描述工作过程：

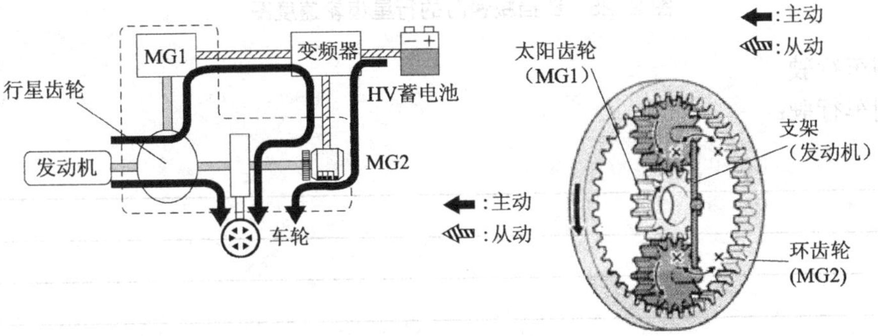

图 2-23　加速工况时的行星齿轮速度图

⑤ 减速行驶时。

根据图 2-24 所示描述工作过程：

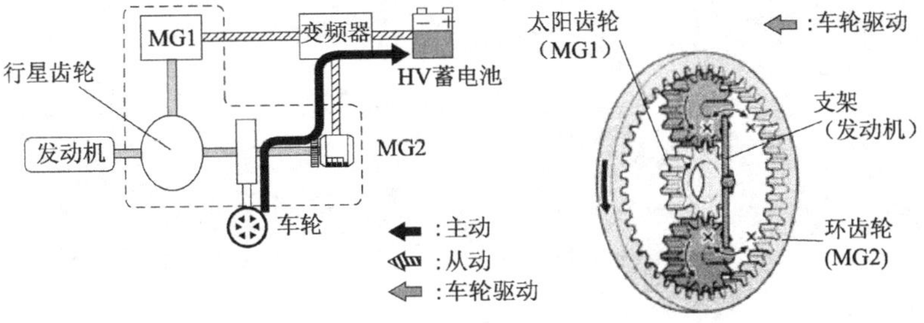

图 2-24　D 挡减速时的行星齿轮速度图

根据图 2-25 所示描述工作过程：

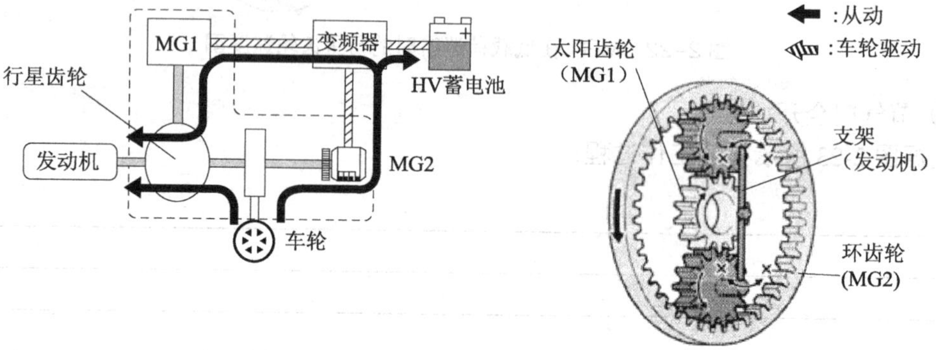

图 2-25　B 挡减速时的行星齿轮速度图

（4）倒车行驶

描述倒车行驶：

·第3章·

米勒发动机技术

3.1 米勒发动机

1. 米勒循环

1947 年_____工程师拉尔夫·____在简单的______循环发动机的基础上实现了高燃油效率的米勒循环。他不是像詹姆斯·_______那样，机械地实现做功行程大于压缩行程。在常规奥托循环发动机的做功冲程完成后，活塞到下止点封闭在汽缸内的气体压力仍然有___～____个大气压，这部分气体的压力并未做功，在排气冲程中，这部分气体的热量白白地排放到大气中。

米勒循环采用____压缩比发动机，但让进气门在压缩行程中将吸入汽缸的油气混合物在活塞压缩开始时又部分地被推出汽缸，实际吸入的混合气量相对少，在压缩终了点燃做功时混合气有足够的膨胀空间，活塞到下止点封闭在汽缸内的气体压力接近____个大气压，气体做功充分。

米勒循环汽缸内剩余压力变得较小，充分利用了膨胀做功，几乎没有压力浪费，提高了燃油效率，但也有以下缺点：

（1）____；

（2）____。

2. 米勒循环的应用

丰田早在普锐斯第二代车型（2003 年）上就使用了______循环，发动机几何压缩比为______，实际为________。

3. 米勒发动机结构

普锐斯采用_____缸直列，顶置双凸轮轴_____气阀（DOHC）；进、排气歧管分开布置，避免进气加热；_______形燃烧室，______吸气，采用_______进气方式。没有传统发动机上所应该具有的______和_______（由 MG1 取代）。

4．发动机曲线

对混合驱动系统来说，最为关键的技术就是对发动机工作点的控制，减少瞬态工况，使其总运行在高效区，从而降低油耗及排放。一般来说，发动机高效区为：_______%的最高转速，_______%的最高转矩区。发动机正常运行转速范围为________r/min。同常规发动机相比，Prius 去除了怠速及低负荷运行区，同时限制了最高转速，从而使效率得到很大提高，最低效率在_______%，最高效率达到_______%。

5．提高效率的手段

（1）____

____

（2）____

____

（3）____

____

（4）____

____

（5）____

____

（6）____

____

（7）____

____

6．经济性和排放性

排放控制主要采取如下措施：

（1）____

____

（2）____

____

（3）____

____

（4）____

____

（5）____

____

（6）____

____

3.2 混动动力管理

1．发动机动力管理

画出电控发动机转矩控制框图。

2．纯电驱动动力管理

画出低速“电瓶车”控制框图。

3．混动动力管理

画出混合动力汽车转矩控制框图。

·第 4 章·

典型 ECU 供电电路

4.1 主要元件位置和功能

1. 元件位置

为了后几章的讲解能顺利进行，先对普锐斯元件位置和名称做出说明，如图 4-1～图 4-4 所示。

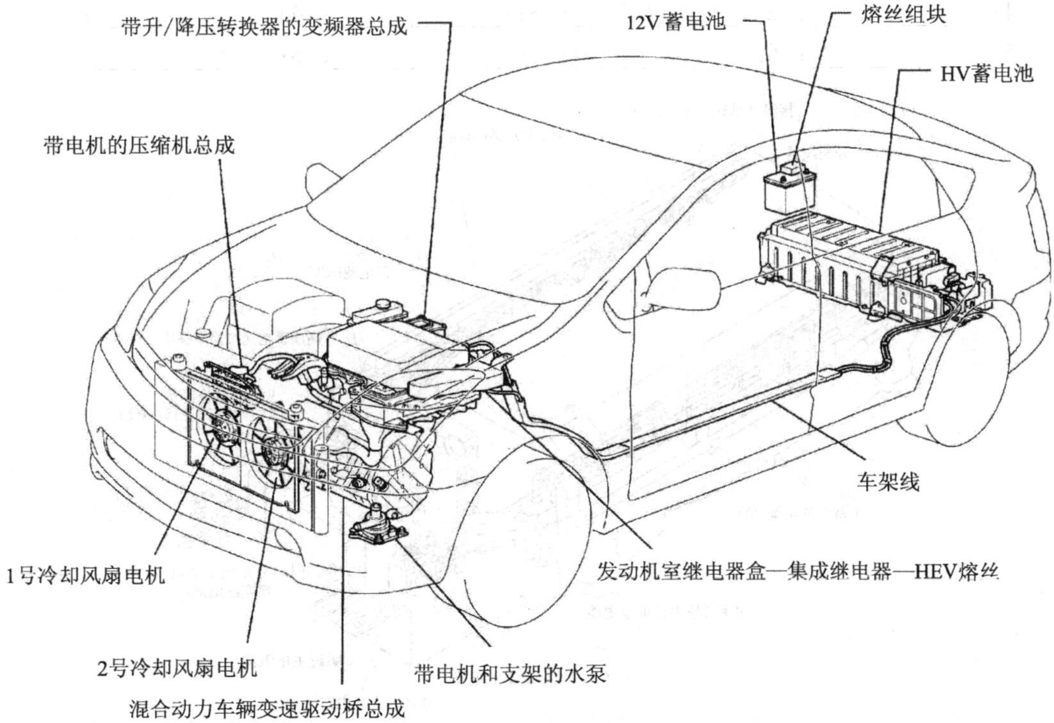

图 4-1 普锐斯整车主要元件名称和位置

请在实车上找到图 4-1 中的元件，并将找到的元件名称写在下面。

1：__________；2：__________；3：__________；

4：__________；5：__________；6：__________；

7：__________；8：__________；9：__________；

10：__________；11：__________。

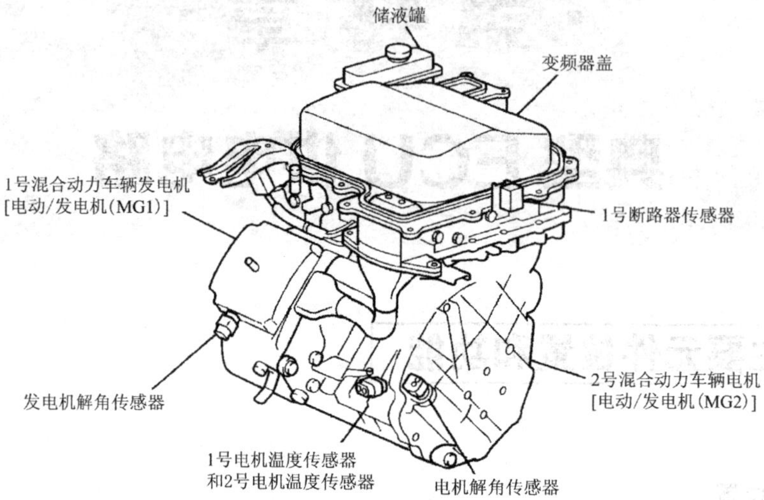

图 4-2　普锐斯发动机舱主要元件名称和位置

请在实车上找到图 4-2 中的元件，并将找到的元件名称写在下面。

1：__________；2：__________；3：__________；4：__________；

5：__________；6：__________；7：__________；8：__________。

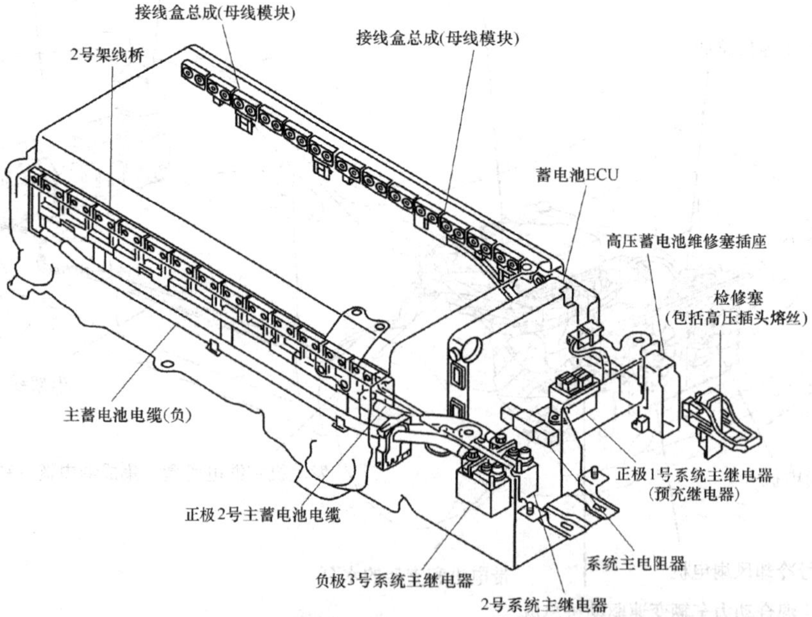

图 4-3　普锐斯高压蓄电池箱元件名称和位置

请在实车上找到图 4-3 中的元件，并将找到的元件名称写在下面。

1：________；2：________；3：________；4：________；
5：________；6：________；7：________；8：________；
9：________；10：________；11：________；12：________。

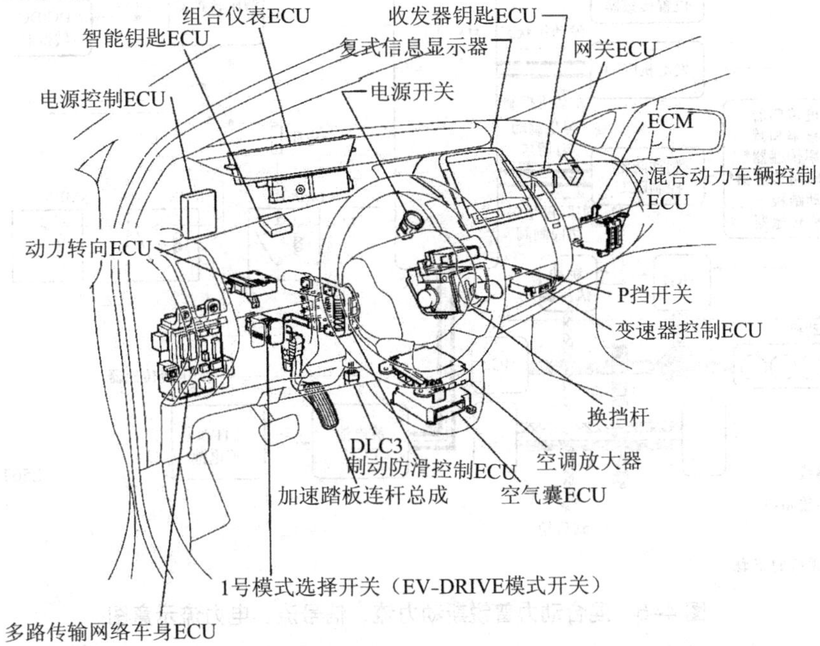

图 4–4 普锐斯仪表台附近主要元件名称和位置

请在实车上找到图 4-4 中的元件，并将找到的元件名称写在下面。

1：________；2：________；3：________；4：________；
5：________；6：________；7：________；8：________；
9：________；10：________；11：________；12：________；
13：________；14：________；15：________；16：________；
17：________；18：________；19：________；20：________。

2. 系统简述

THS-II 控制系统如图 4-5 所示，简述以下各控制。

（1）HV 控制 ECU

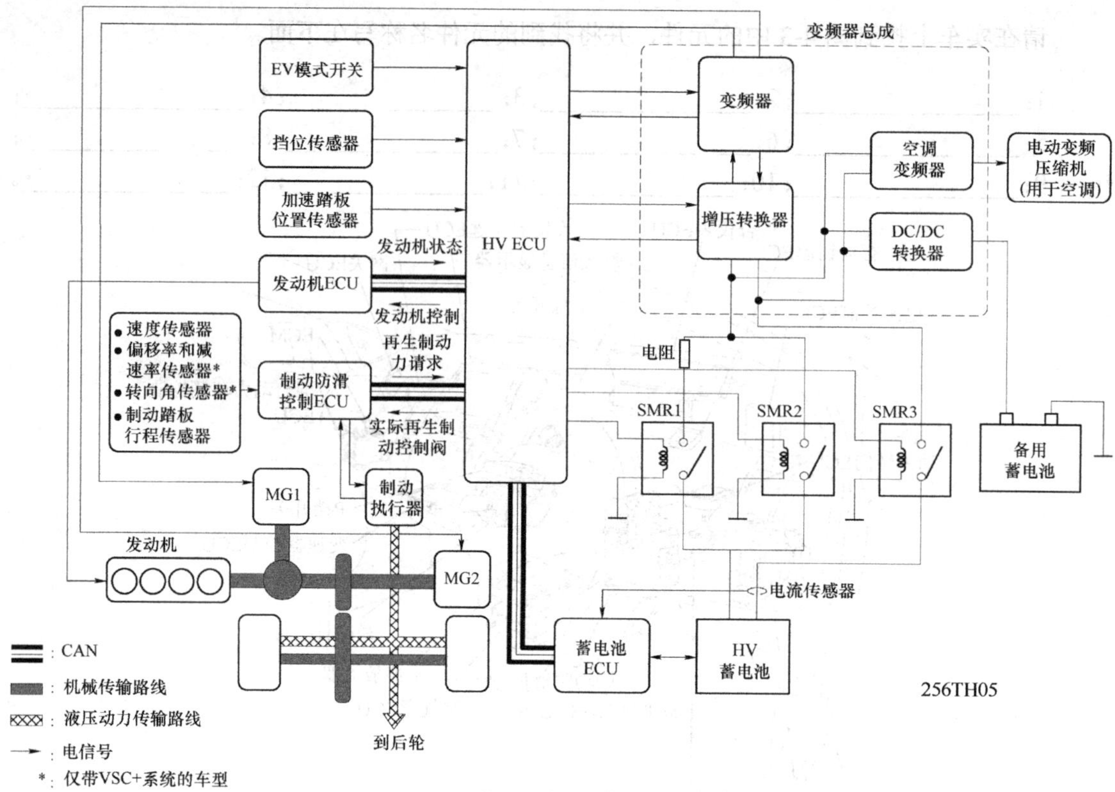

图 4-5　混合动力普锐斯动力流、信号流、电力流示意图

（2）ECM 控制

（3）变频器控制

（4）增压转换器控制

（5）转换器控制

（6）空调变频器控制

（7）MG1 和 MG2 主控制

（8）制动防滑控制 ECU 控制

（9）蓄电池 ECU 控制

（10）换挡控制

（11）碰撞控制

（12）电机驱动模式控制

（13）巡航控制系统运行控制

（14）指示灯和警告灯点亮控制

（15）诊断

（16）安全保护

4.2 ECU 供电系统检修

1. 蓄电池 ECU

说明蓄电池 ECU 的作用：

2. 电源控制 ECU 供电

写出图 4-6 所示的电源 ECU 供电工作过程：

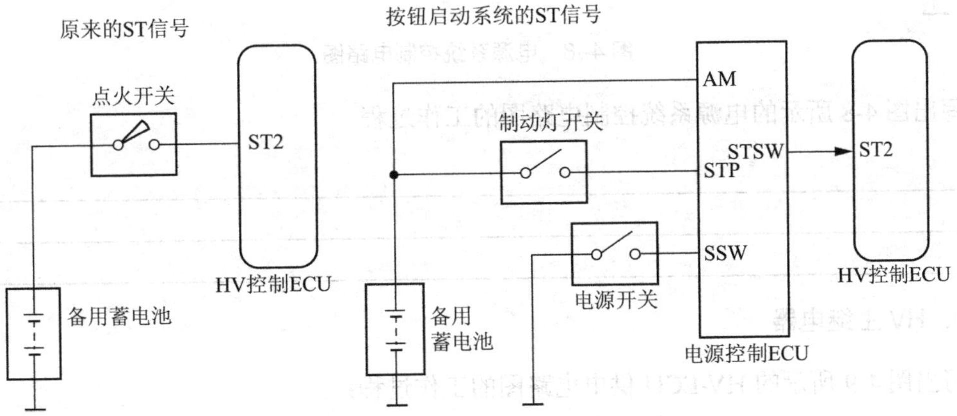

图 4-6 电源 ECU 供电控制方式

3．ECU 供电系统

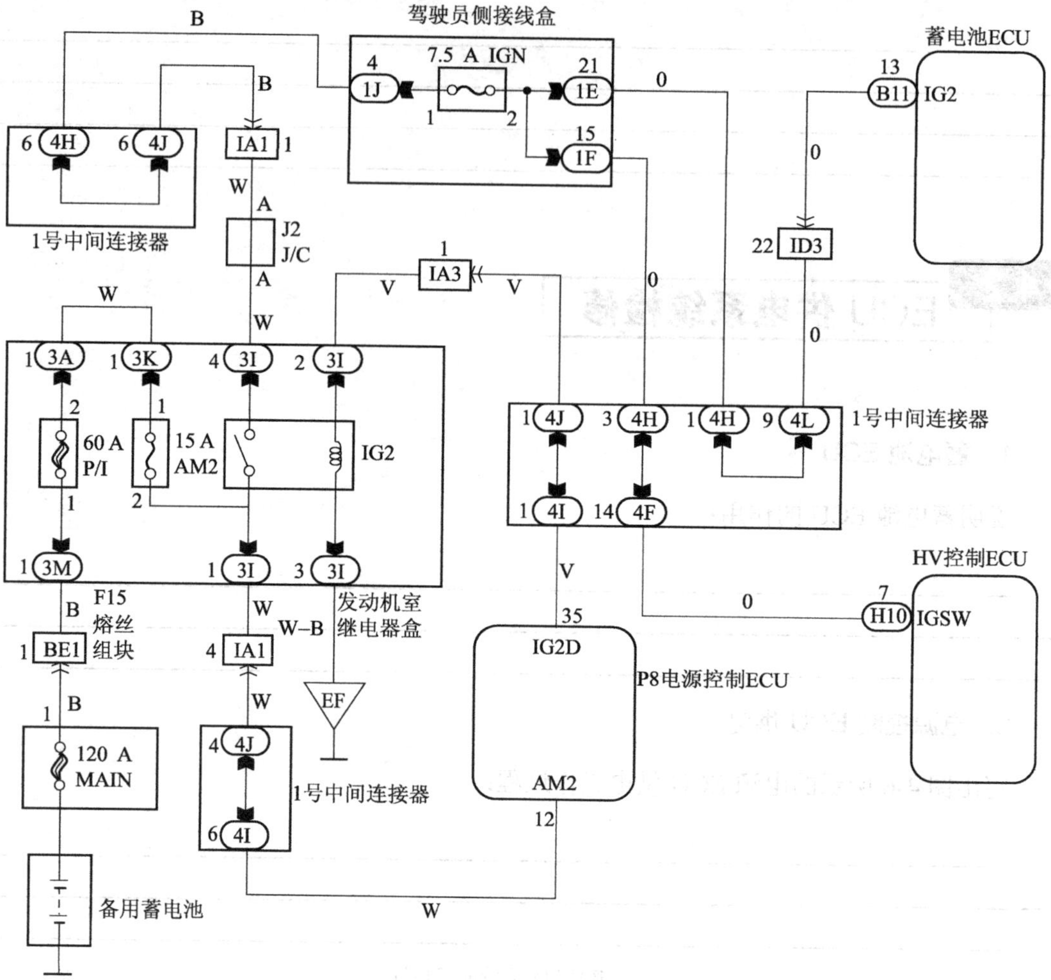

图 4–8　电源系统控制电路图

写出图 4-8 所示的电源系统控制电路图的工作过程：

4．HV 主继电器

写出图 4-9 所示的 HV-ECU 供电电路图的工作过程：

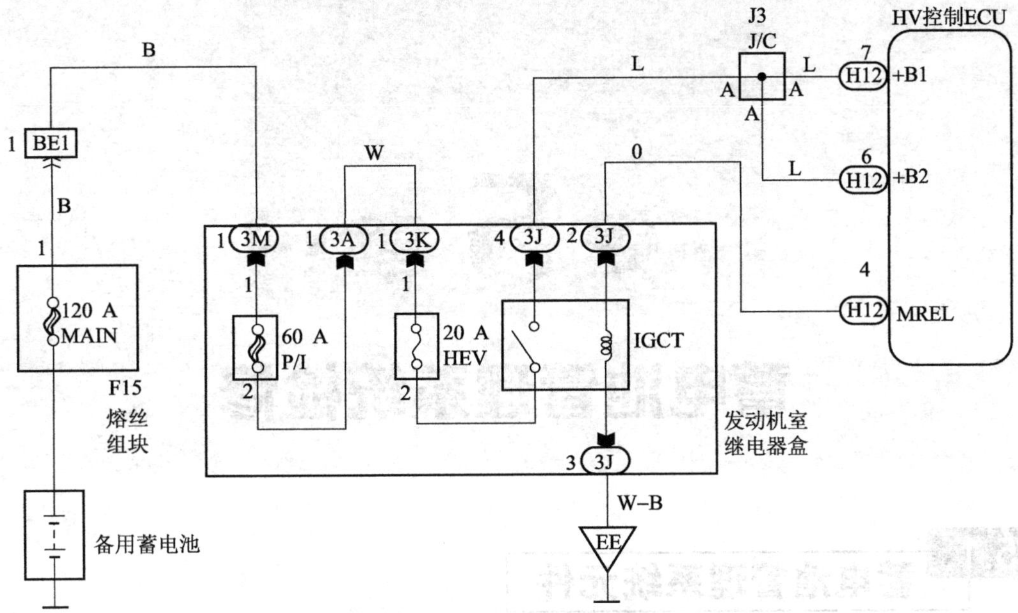

图 4–9　HV-ECU 供电电路图

·第5章·

蓄电池管理系统检修

5.1 蓄电池管理系统元件

1. 高压系统元件分布

高压系统主要相关元件的零部件位置如图 5-1 所示。

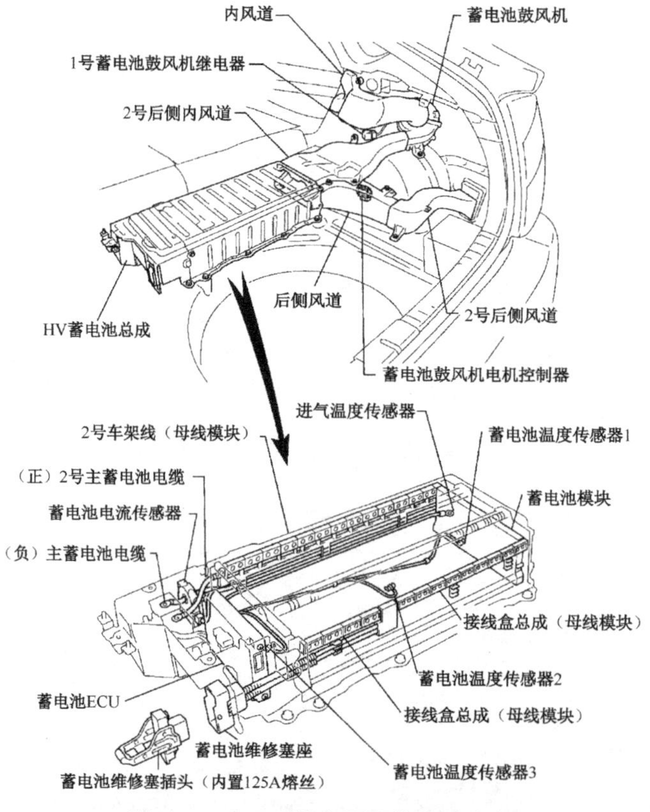

图 5–1　高压系统主要零件位置分布

请在实车上找到图 5-1 中的元件，并将找到的元件名称写在下面。

1：__________；2：__________；3：__________；4：__________；

5：__________；6：__________；7：__________；8：__________；

9：__________；10：__________；11：__________；12：__________；

13：__________；14：__________；15：__________；16：__________；

17：__________；18：__________；19：__________；20：__________；

21：__________；22：__________。

2. 电池管理系统电路

混合动力蓄电池系统图如图 5-2 和图 5-3 所示。

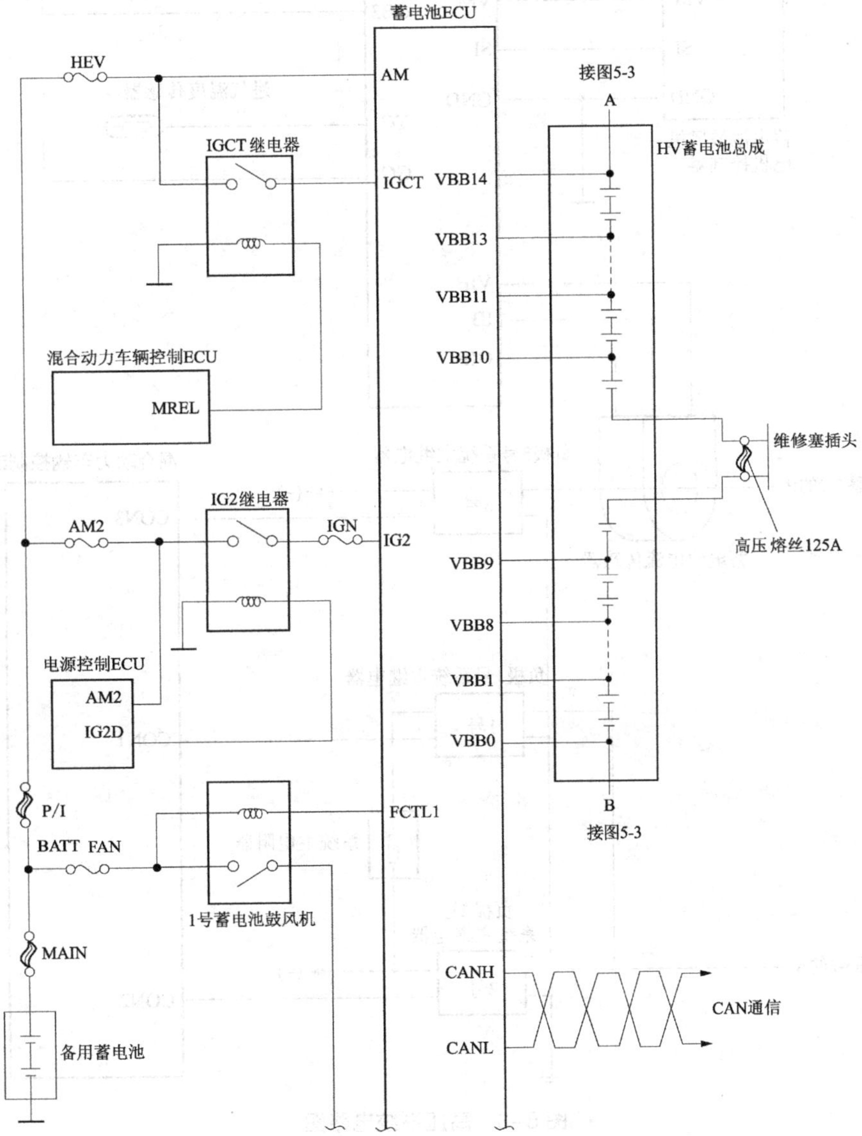

图 5-2 高压系统电路图

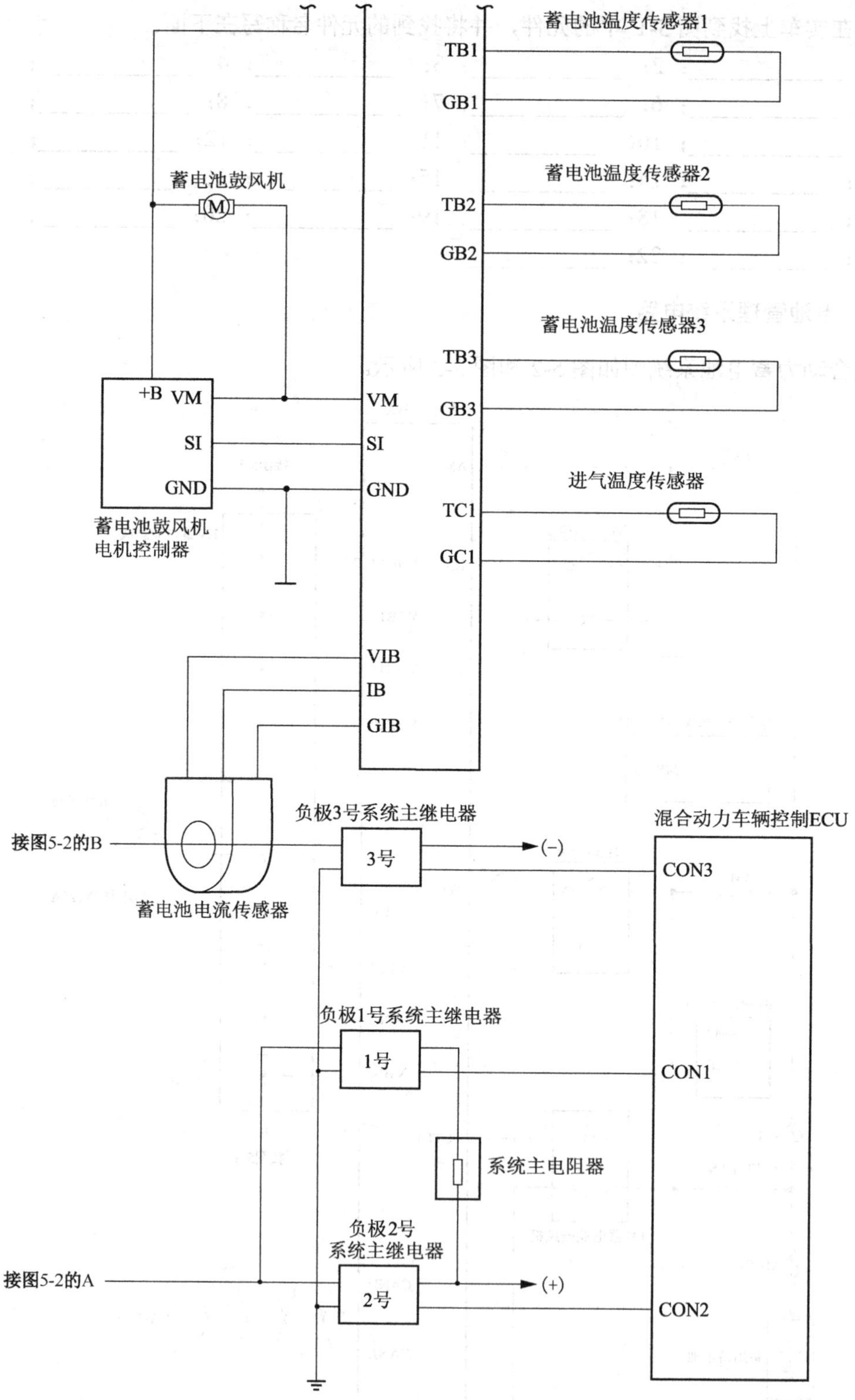

图 5–3　高压系统电路图

写出图 5-2 和图 5-3 的系统电路工作原理。

图 5-2：________________________________

____

____

____

图 5-3：________________________________

____

____

____

3. 通信系统

如图 5-4 所示为系统通信网络电路图。

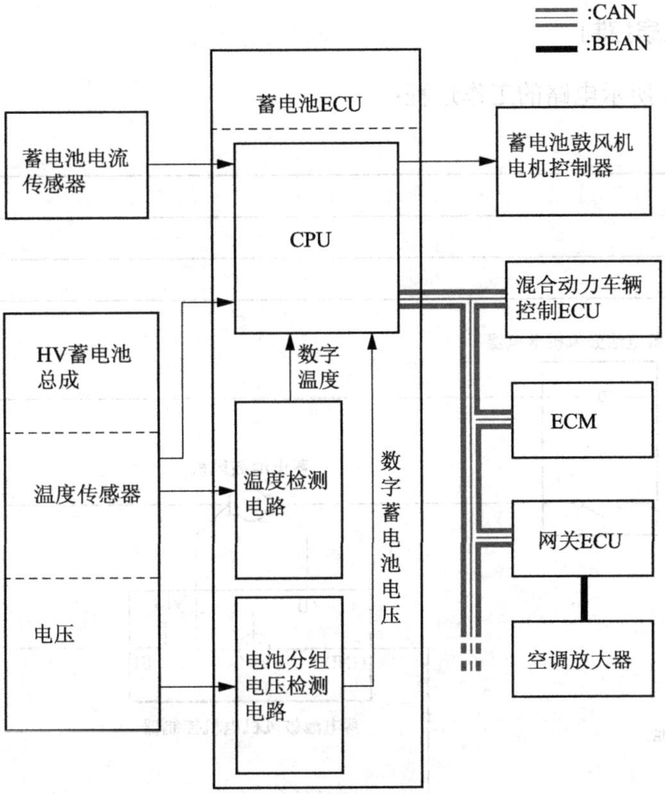

图 5-4 系统通信网络电路图

写出图 5-4 系统通信网络电路图的工作原理：

____

____

____

____

____

5.2 蓄电池管理系统检修

1. HV 蓄电池故障

2. 冷却风扇控制

写出图 5-5 所示电路的工作过程：

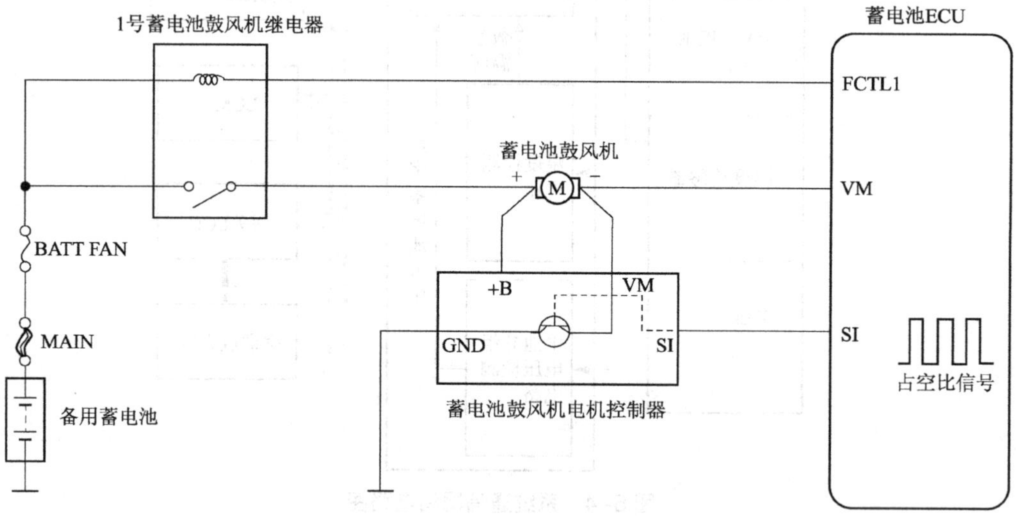

图 5–5 蓄电池组冷却风扇控制电路图

3. 高压熔丝

4. 电流传感器电路

写出图 5-11 所示霍尔电流传感器测量电路电压信号输出的工作过程：

____

____

____

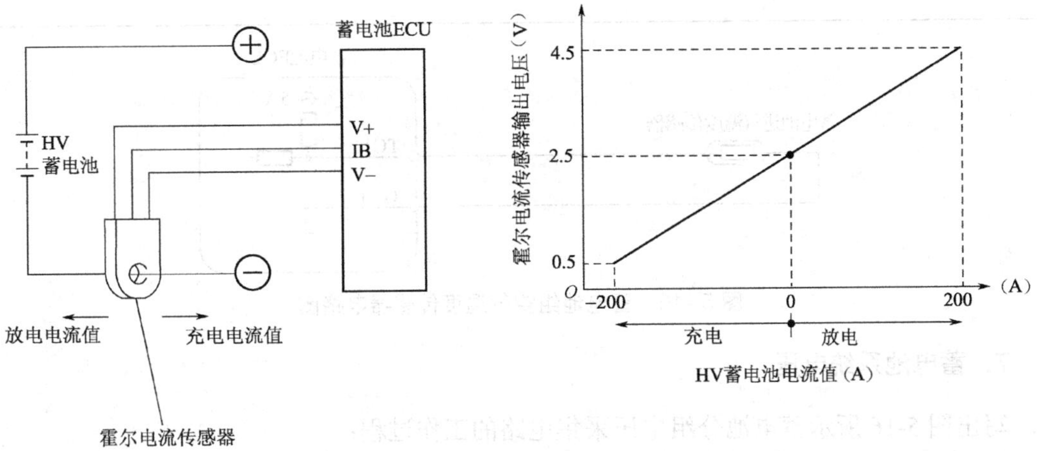

图 5–11　霍尔电流传感器测量电路电压信号输出

5. 电池温度传感器

写出图 5-14 所示蓄电池温度传感器的工作过程：

____

____

____

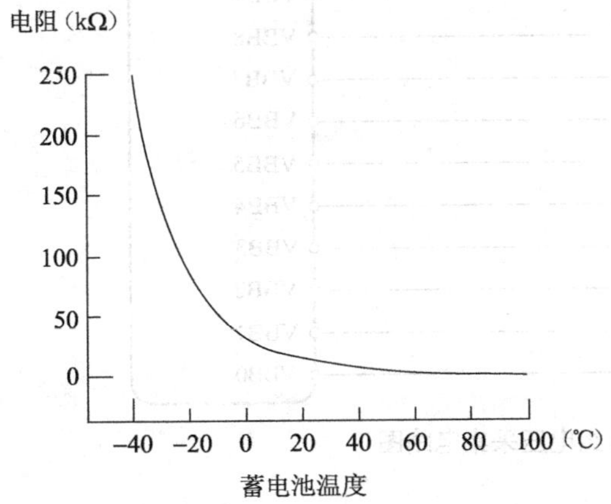

图 5–13　蓄电池温度传感器温度和电阻的关系

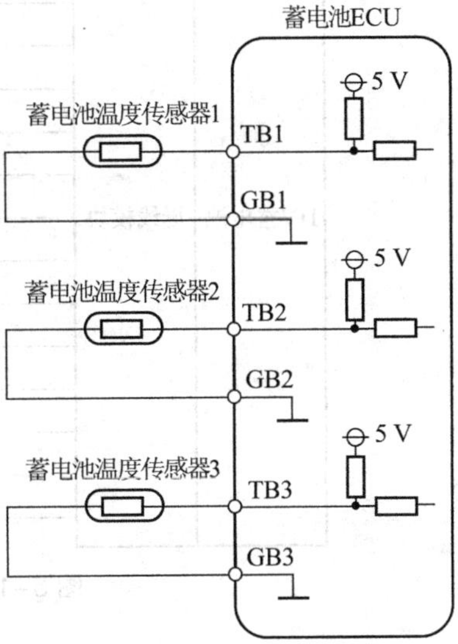

图 5–14　蓄电池温度传感器电路图

6. 空气度传感器

写出图 5-15 所示蓄电池组空气温度传感器的工作过程：

____

____

____

____

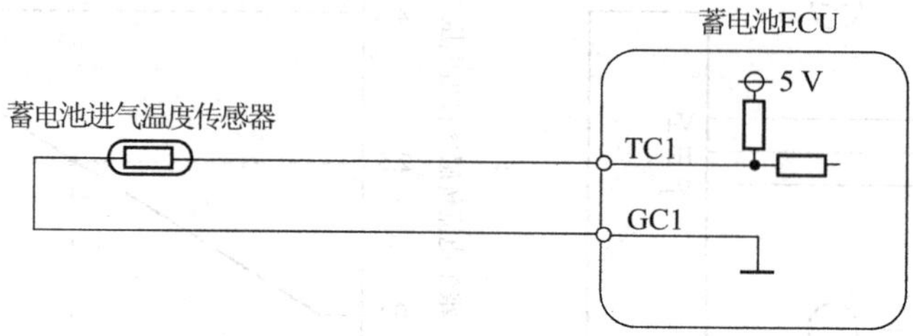

图 5–15　蓄电池组空气温度传感器电路图

7. 蓄电池系统电压

写出图 5-16 所示蓄电池分组电压采集电路的工作过程：

____

____

____

____

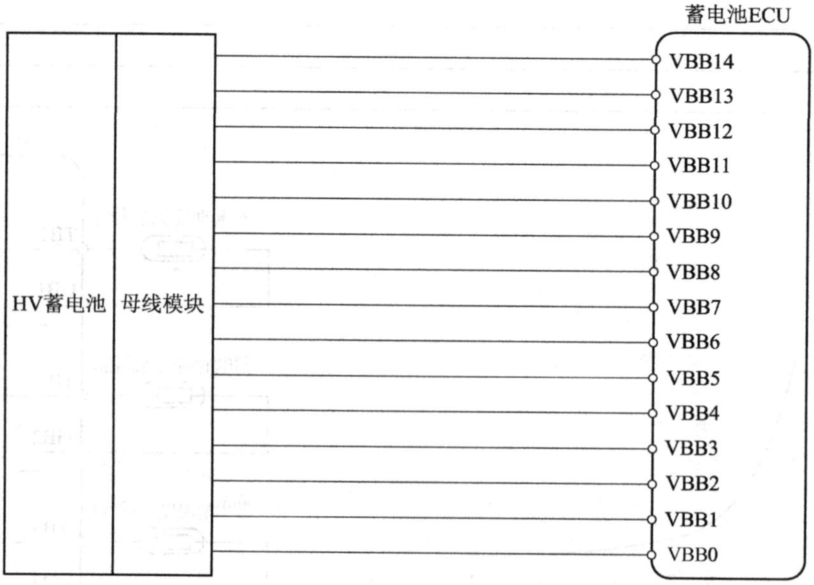

图 5–16　蓄电池分组电压采集电路图

5.3 蓄电池 ECU 动态数据流

参考教材，翻译下列数据流。

（1）Engine Coolant Temp：______

（2）Engine Revolution：______

（3）Vehicle Spd：______

（4）Engine Run Tim：______

（5）+B：______

（6）DTC Clear Warm Up：______

（7）DTC Clear Run Distance：______

（8）DTC Clear Min：______

（9）MIL on Engine Run Distance：______

（10）MIL Status：______

（11）Mileage after Malfunc：______

（12）Battery State of Charge：______

（13）Delta SOC：______

（14）Batt Pack Current Val：______

（15）Inhaling Air Temp：______

（16）VMF Fan Motor Voltage：______

（17）Auxiliary Battery Vol：______

（18）Charge Control Val：______

（19）Discharge Control Val：______

（20）Cooling Fan Mode：______

（21）ECU Control Mode：______

（22）Equal Charg Out Rly Sig：______

（23）EQTR Charge Perm Sig：______

（24）Equal Charg Out Rly Sig：______

（25）Standby Blower Request：______

（26）Temp of Batt TB1：______

（27）Battery Block Num：______

（28）Battery Block Minimum Vol：______

（29）Minimum Batt Block No：______

（30）Battery Block Maximum Vol：______

（31）Max Batt Block No：______

（32）Battery Block Vol-V01：______

（33）Internal Resistance R01：______

（34）Battery Low Time：______

（35）Battery Block Maximum Vol：______

（36）DC Inhibit Time：______

（37）Battery too High Time：______

（38）Hot Temperature Time：______

（39）Compliance Regulation：______

（40）Emission DTC Num：______

（41）The Store DTC Num：______

（42）Calculate Load：______

（43）Throttle Position：______

（44）Complete Parts Monitor：______

（45）Complete Parts Monitor：______

（46）Component Monitor CMPL：______

（47）Component Monitor ENA：______

·第 6 章·

高压配电箱检修

6.1 系统主继电器

1. 高压配电系统电路

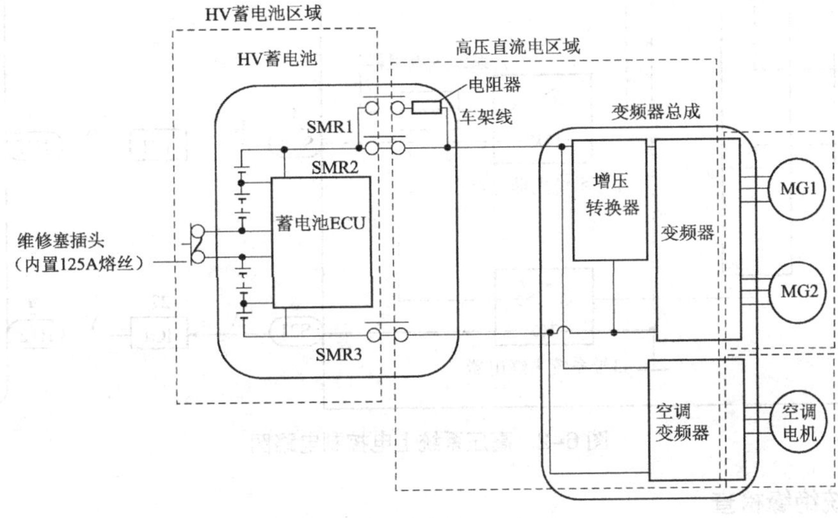

图 6–1 系统供电电路图

2. 系统继电器工作原理

写出图 6-1 系统供电电路的工作过程：

6.2 系统主继电器检修

1. 继电器正确关闭检查

写出图 6-2 所示高压系统上电控制电路的工作过程：

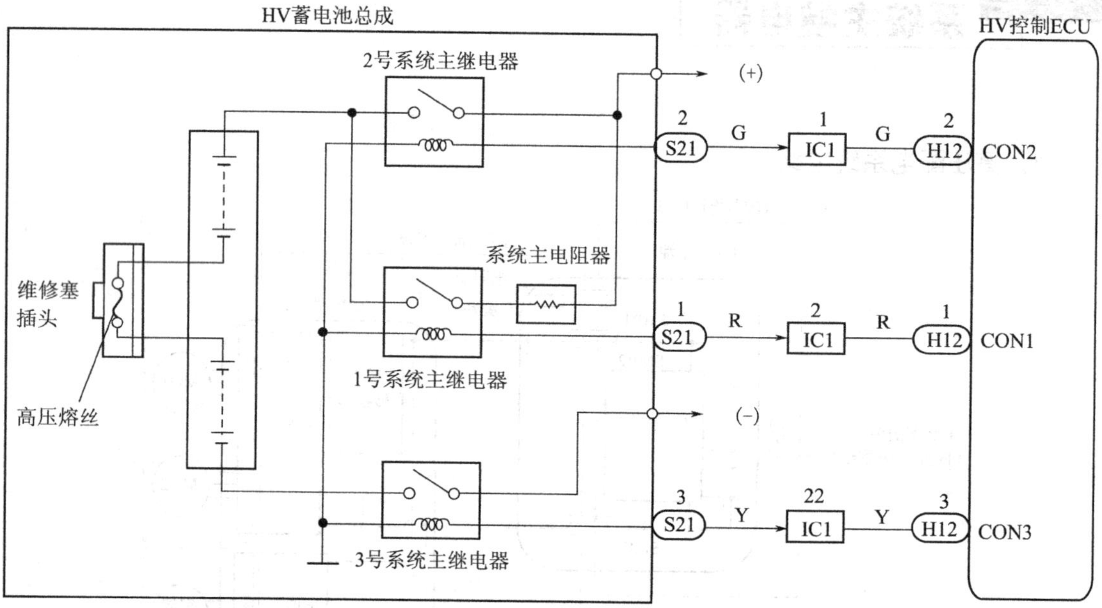

图 6–2 高压系统上电控制电路图

2. 系统绝缘检查

写出系统绝缘的检查方法：

3．系统主继电器检查

写出系统主继电器的检查方法：

·第 7 章·

DC/DC 转换器原理与检修

7.1 升压 DC/DC 转换器

1. 升压 DC/DC 组成

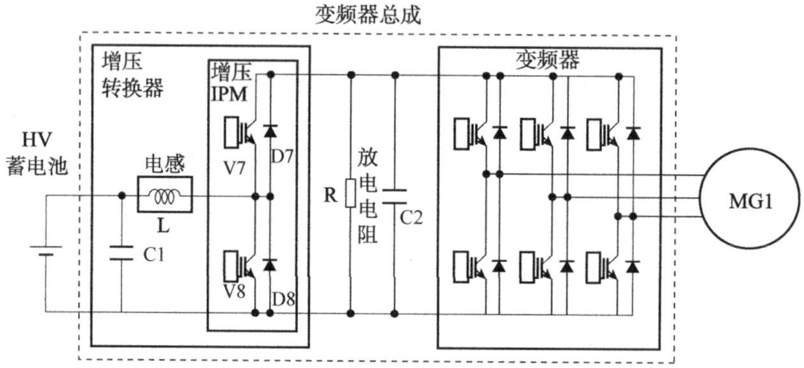

图 7–1 增压和降压转换器

2. 升压 DC/DC 原理

（1）升压工作原理

写出图 7-1 所示转换器的升压原理：

（2）降压工作原理

写出图 7-1 所示转换器的降压原理：

7.2 升压 DC/DC 转换器检修

1. OVL DC/DC 转换器过压

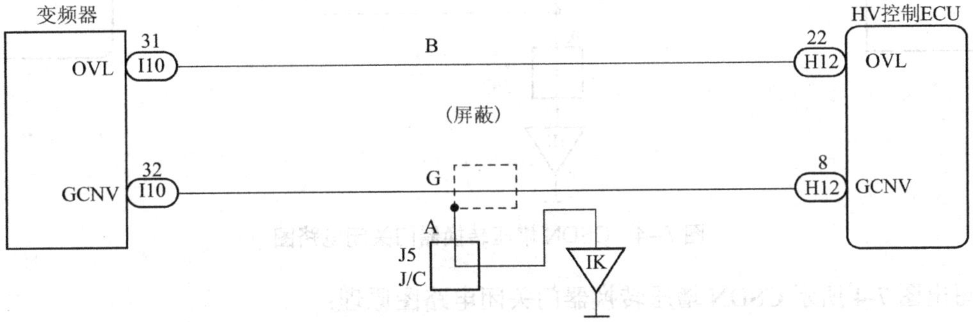

图 7-2　OVL DC/DC 转换器过压电路图

写出图 7-2 所示转换器过压电路图原理：

2. FCV 增压转换器故障

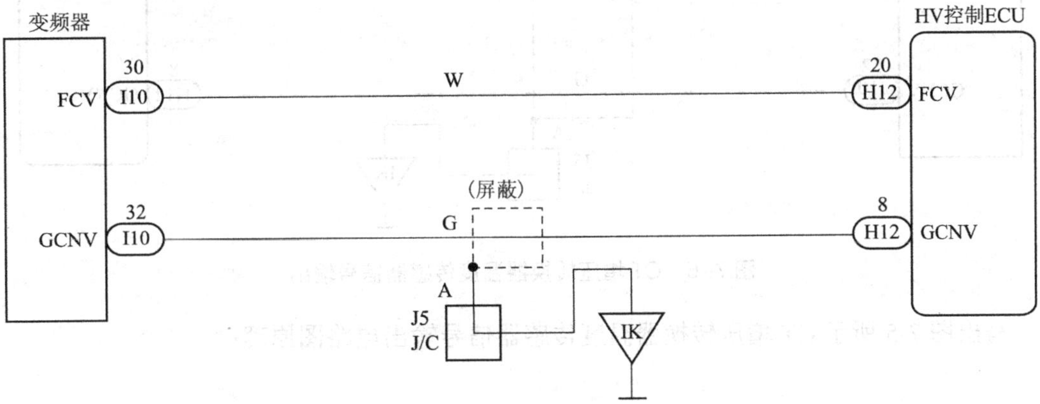

图 7-3　FCV 增压转换器故障输出电路图

写出图 7-3 所示 FCV 增压转换器故障输出电路图原理：

3. CSDN 增压转换器门关闭

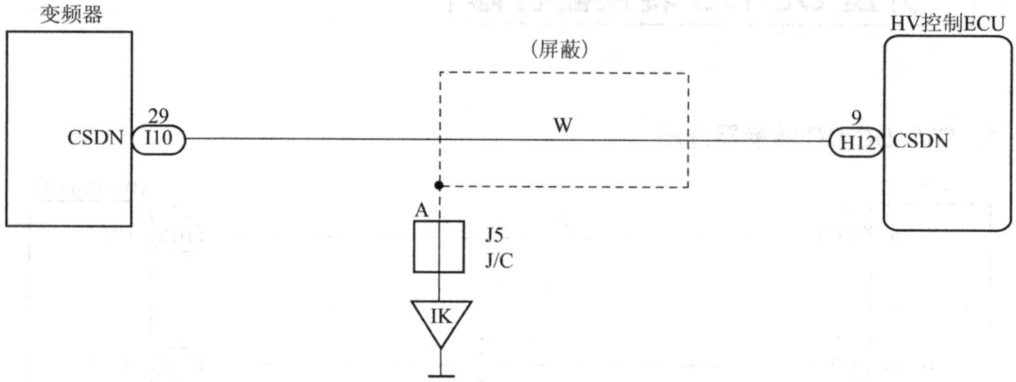

图 7–4　CSDN 增压转换器门关闭电路图

写出图 7-4 所示 CSDN 增压转换器门关闭电路图原理：

4. CT 增压转换器温度信号

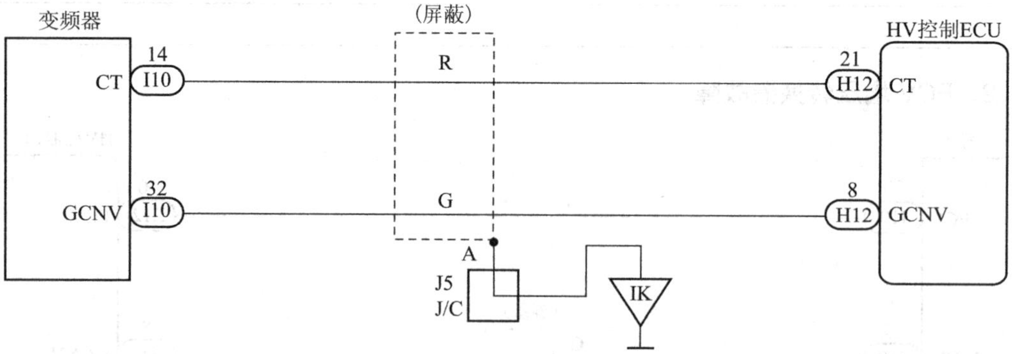

图 7–5　CT 增压转换器温度传感器信号输出

写出图 7-5 所示 CT 增压转换器温度传感器信号输出电路图原理：

5. 蓄电池电压监测和 DC/DC 增压后电压监测

6. CPWM 增压控制 PWM 调制波

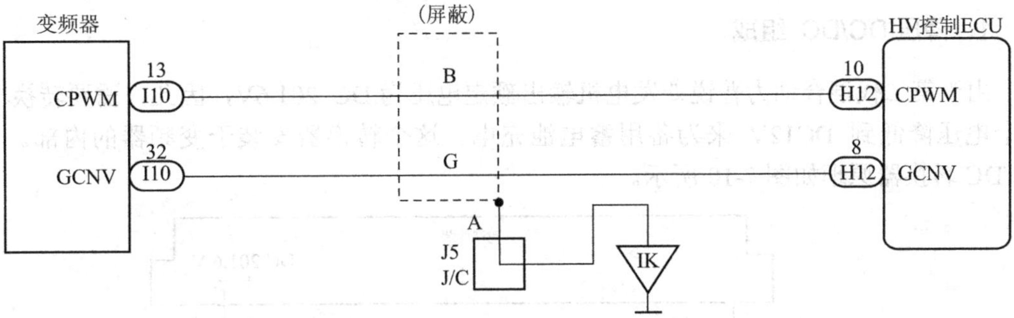

图 7–7　CPWM 增压控制 PWM 调制

写出图 7-7 所示 CPWM 增压控制 PWM 调制电路图原理：

7. VL 增压转换器输入电压传感器信号输出

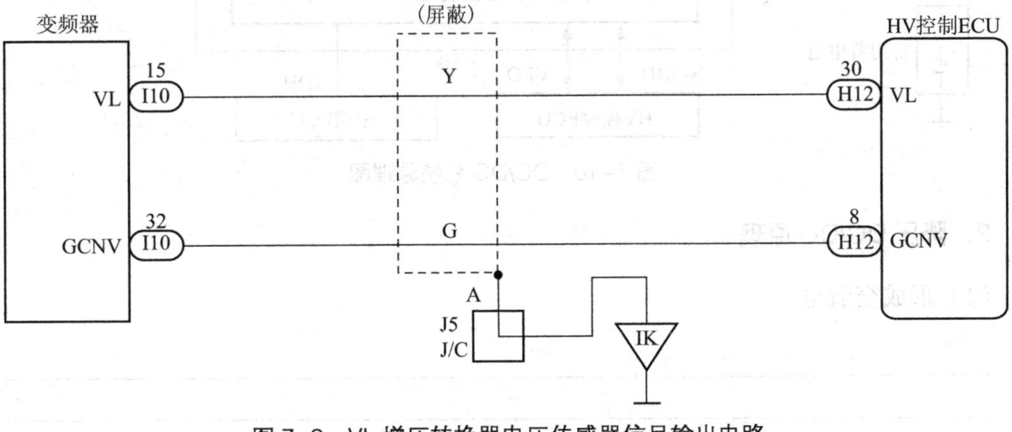

图 7–9　VL 增压转换器电压传感器信号输出电路

写出图 7-9 所示 VL 增压转换器电压传感器信号输出电路图原理：

7.3 降压 DC/DC 转换器

1. 降压 DC/DC 组成

由于第二代混合动力普锐斯发电机输出额定电压为 DC 201.6V，因此，需要转换器将这个电压降低到 DC12V 来为备用蓄电池充电。这个转换器安装于变频器的内部。12V DC/DC 转换器原理如图 7-10 所示。

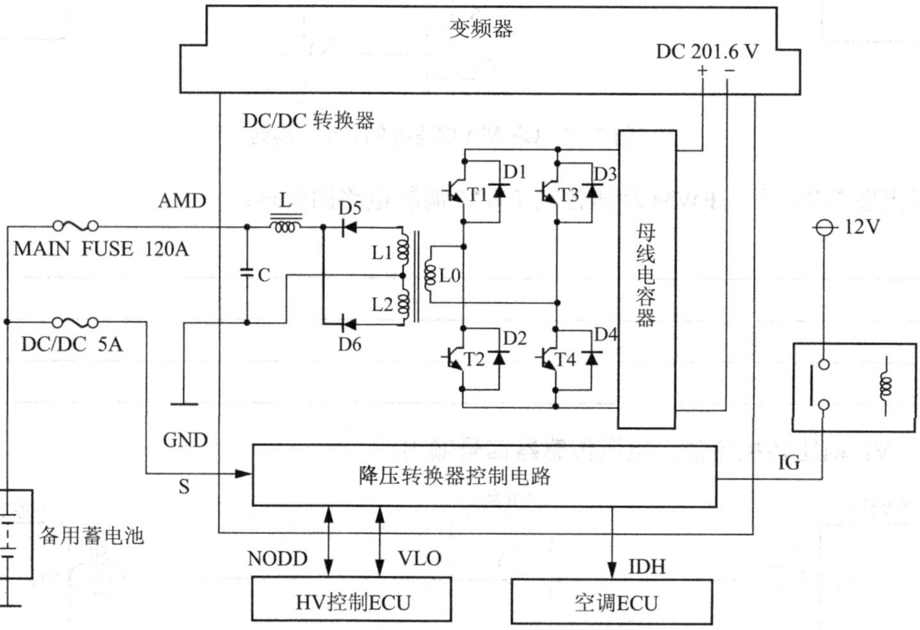

图 7-10　DC/DC 系统原理图

2. 降压 DC/DC 原理

（1）形成交流电

（2）整流、滤波

____

____

____

____

（3）电压反馈

____

____

____

____

用万用表测量 12V 蓄电池的开路电压和不同工况的端电压，把测得的电压值写入表格，要求精确到小数点后两位。

工　况	开路电压	供电开关 OFF	供电开关 ON	供电开关 READY	发动机启动后
电　压					

写出 12V 降压 DC/DC 在什么工况下才向蓄电池充电：____________________。

7.4 降压 DC/DC 转换器检修

1．NODD 信号

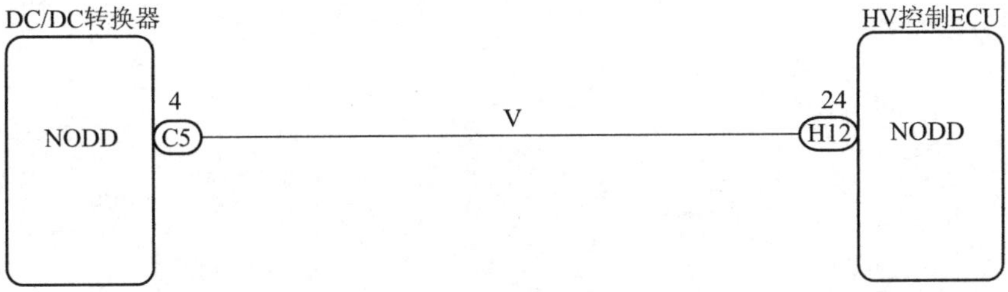

图 7–11　DC/DC 转换器监控电路

写出图 7-11 所示 DC/DC 转换器监控电路原理：

____

____

____

____

____

2. VLO 信号

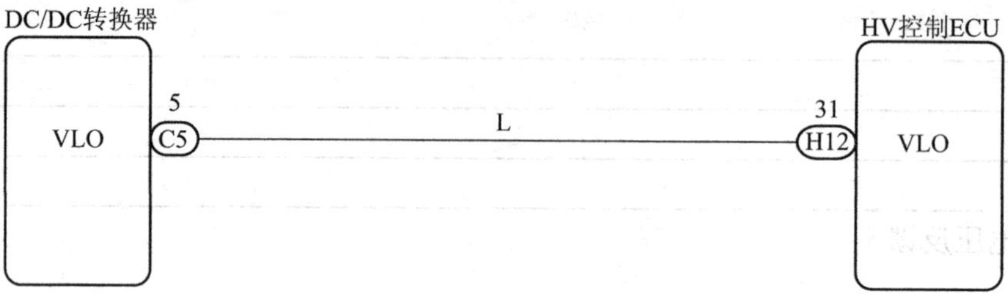

图 7–12　VLO 信号电路图

写出图 7-12 所示 VLO 信号电路图原理：

____

____

____

____

____

3. 系统监控检修

标准 DC/DC 转换器输出电流应为__________A。蓄电池电压应为__________V。冷却风扇电机，冷却风扇应转动平稳，电机工作电流在__________A 左右。

·第 8 章·

电机传感器原理与检修

8.1 旋变变压器原理与检修

1. 旋变变压器原理

根据图 8-1 和图 8-3 写出电机解角传感器的工作原理：

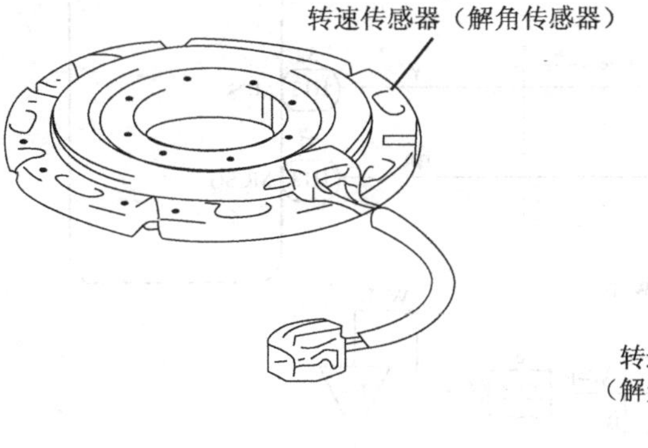

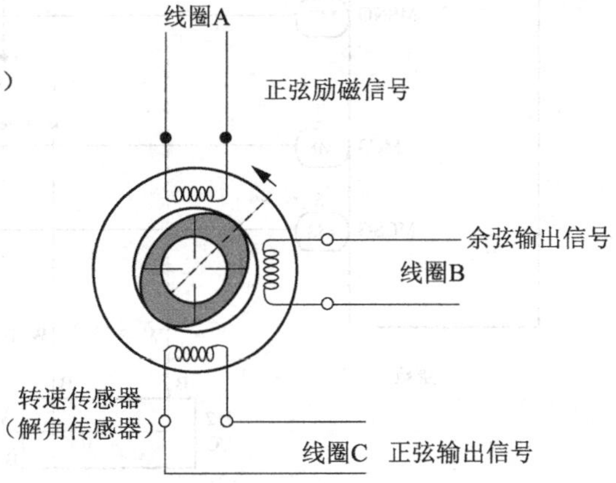

图 8-1 丰田普锐斯旋变变压器传感器结构

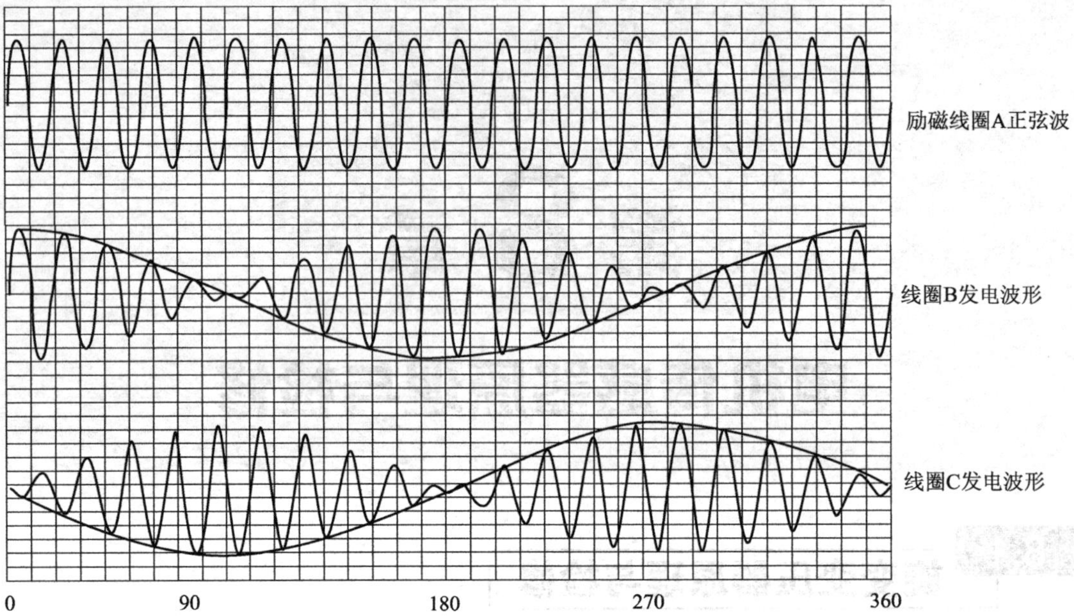

图 8–3　线圈 B 和 C 在转子转动时的信号（励磁信号 A 频率 10kHz，幅值 12V）

2. 旋变变压器检修

（1）故障自诊断

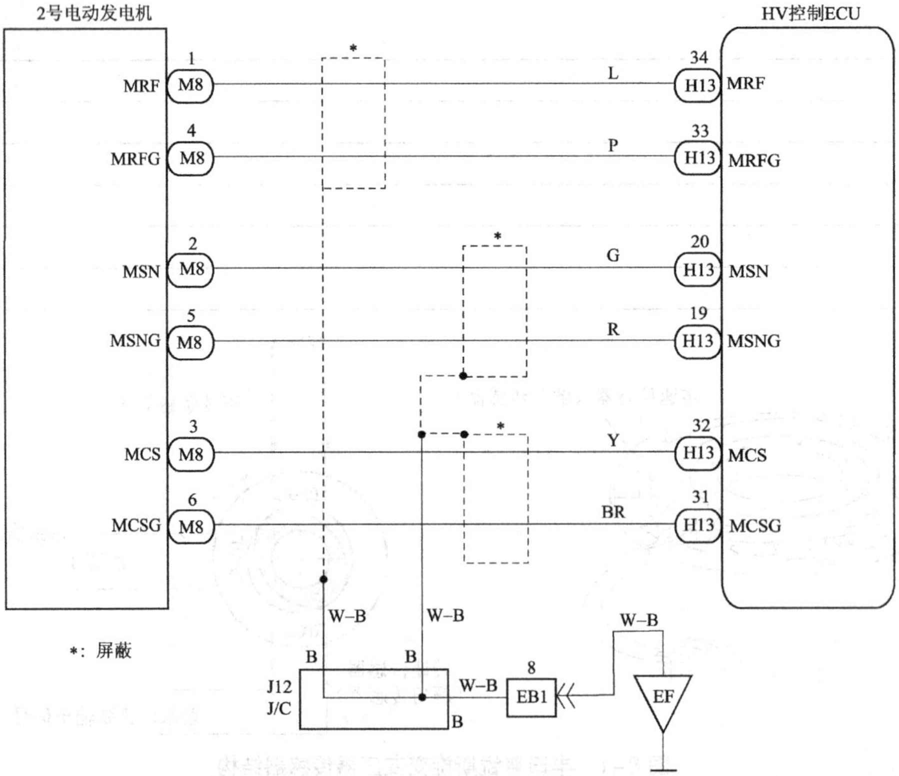

图 8–4　MG2 旋变变压器电路图

写出图8-4所示电路图的检查方法：

利用四通道示波器测量旋变变压器MRF、MSN、MCS的信号波形。
测量用的时基是多少：________；幅值是多少：________。
电动机不转时和转动时信号波形有什么变化：

（2）检查步骤
写出图8-5所示电路图元件和线路检查方法：

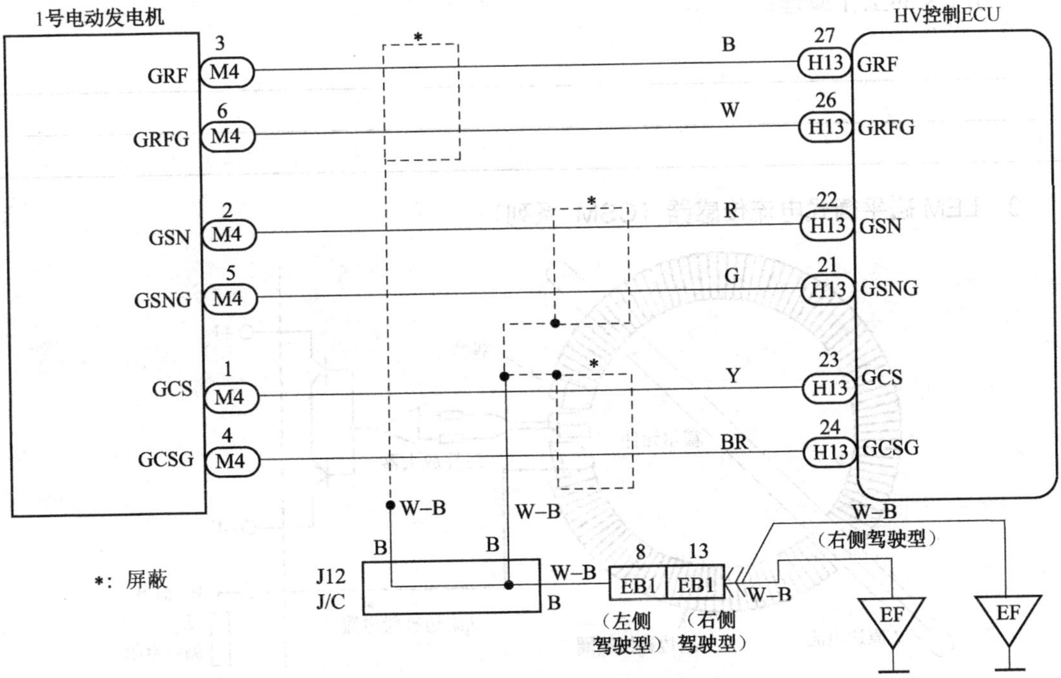

图8–5 MG1旋变变压器电路图

利用四通道示波器测量旋变变压器GRF、GSN、GCS的信号波形。

测量用的时基是多少：______________；幅值是多少：______________。
电动机不转时和转动时信号波形有什么变化：

____

____

____

8.2 霍尔电流传感器

1. 霍尔电流传感器原理

霍尔电流传感器在汽车变频器中的典型应用有：

（1）____

（2）____

（3）____

2. 直放式（开环）电流传感器（CS）

写出 CS 的工作原理：

____

____

____

3. LEM 磁平衡式电流传感器（CSM 系列）

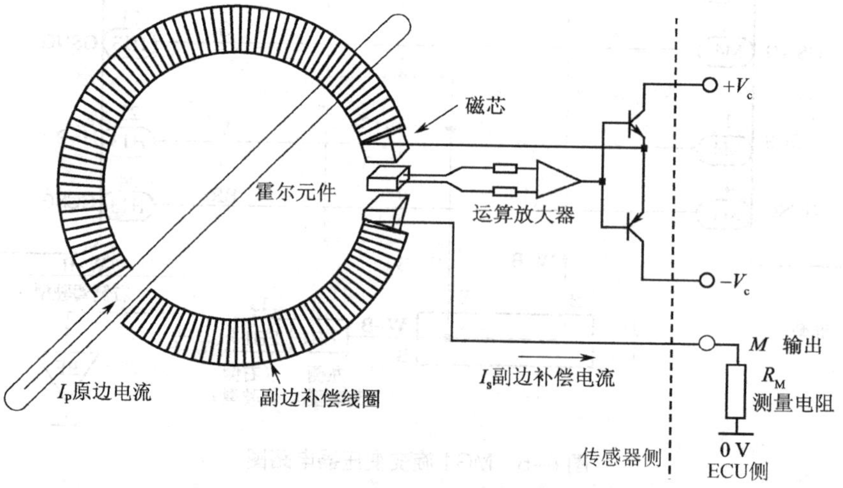

图 8–7　LEM 磁平衡式电流传感器原理

写出图 8-7 LEM 磁平衡式电流传感器的原理：

4. 电机电流传感器

（1）简述

（2）电路和信号输出（见图 8-9）

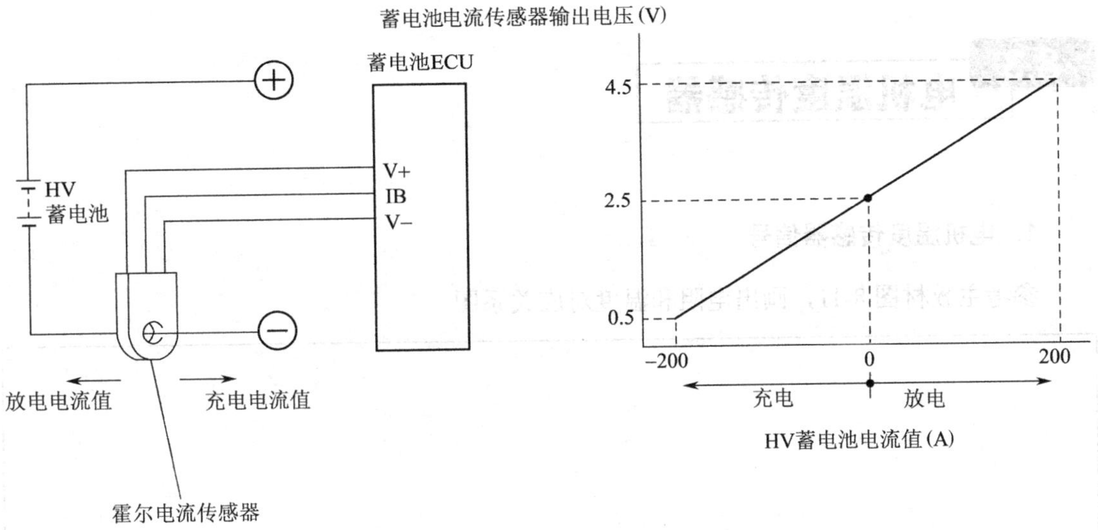

图 8–9　霍尔电流传感器测量电路电压信号输出

写出图 8-9 霍尔电流传感器测量电路电压信号输出的原理：

（3）故障检修

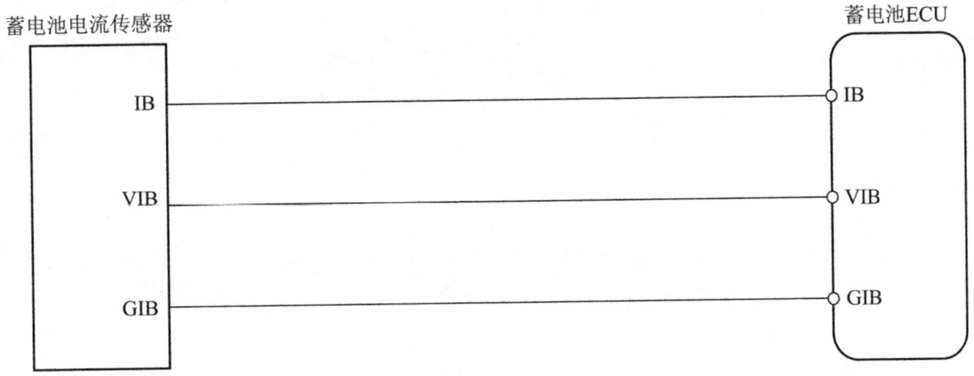

图 8–10　霍尔电流传感器电路图

图 8-10 所示霍尔电流传感器电路在不充电和不放电的情况下，用万用表测量 VIB、IB 和 GIB 的电压是多少？

8.3 电机温度传感器

1. 电机温度传感器信号

参考主教材图 8-11，画出电阻和温度对应关系图。

2. 电机温度传感器检查

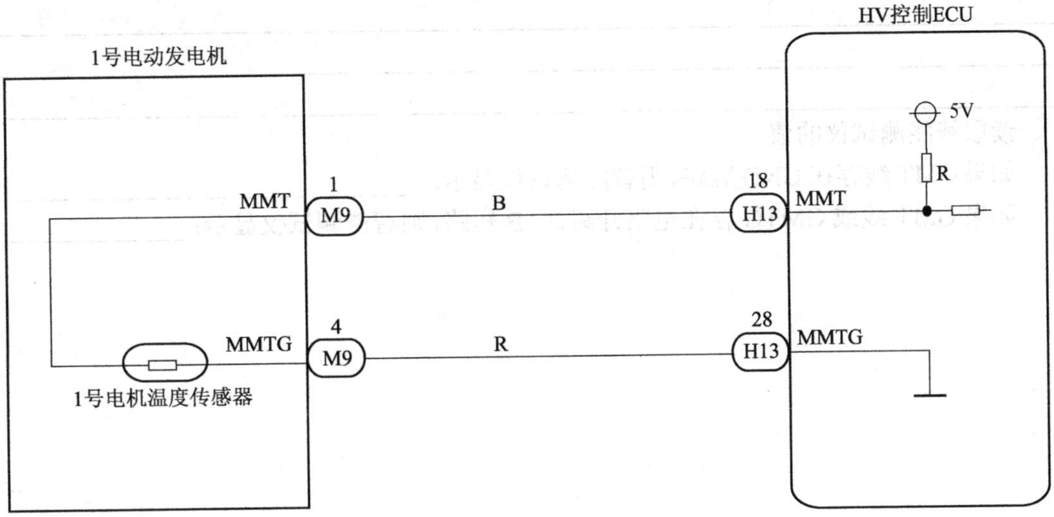

图 8-12　MG1 电动机温度传感器电路图

参考图 8-12，用万用表测量电机温度传感器的电阻和当时的测量温度电压是多少？

____

____

____

____

读取智能测试仪的值。

如果 MMT 线存在 GND 短路，则智能测试仪显示：______________________；

如果 MMT 线或 MMTG 存在电路开路或+B 短路，则智能测试仪显示：______________。

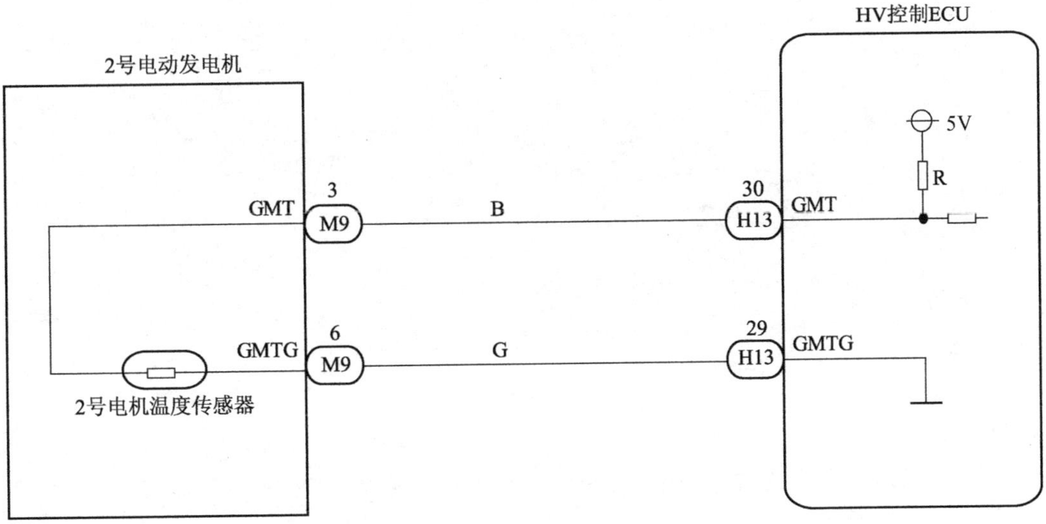

图 8-13　MG2 电动机温度传感器电路图

参考图 8-13，用万用表测量电机温度传感器的电阻和当时的测量温度电压是多少？

____

____

____

____

读取智能测试仪的值。

如果 GMT 线存在 GND 短路，则智能测试仪显示：____________________；

如果 GMT 线或 GMTG 存在电路开路或+B 短路，则智能测试仪显示：__________。

·第 9 章·

汽车变频器检修

9.1 变频器检修

1. 变频器的组成

写出汽车变频器的正常组成：

写出汽车变频器内可能的元件：

2. 普锐斯变频器

写出普锐斯变频器的内部元件：

3. 电路示意图

参考主教材图 9-1，画出变频器总成内部结构原理图。

9.2 变频器电路检修

1. 变频器电压传感器

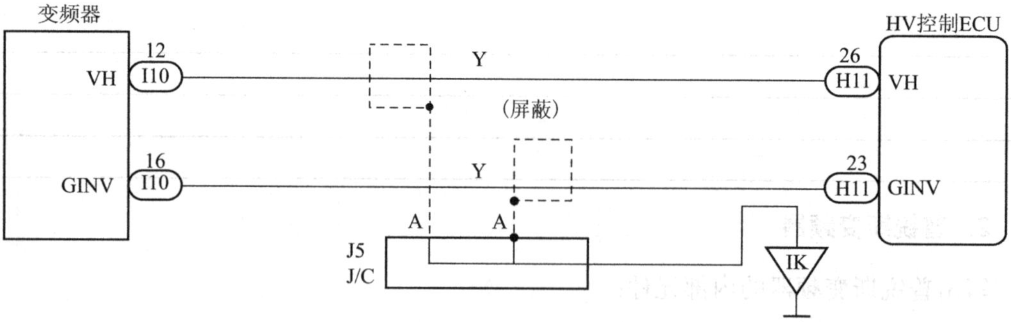

图 9–3　变频器电压输出电路

写出图 9-3 变频器电压输出电路的工作原理：

____

____

____

____

2．电机三相驱动信号

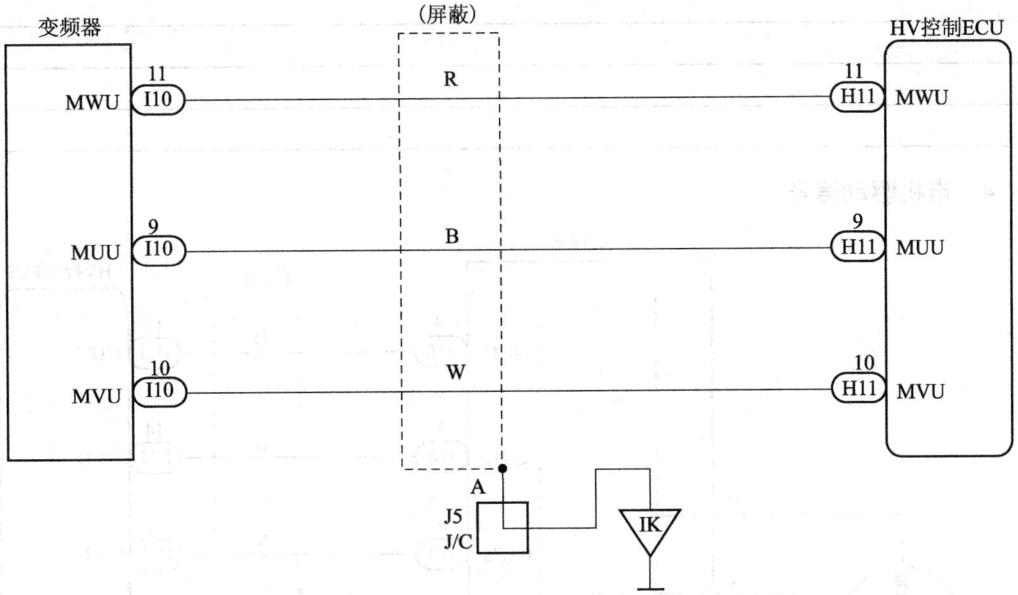

图 9–4　电机三相驱动信号电路图

写出图 9-4 电机三相驱动信号电路的工作原理：

3．电机过压检测

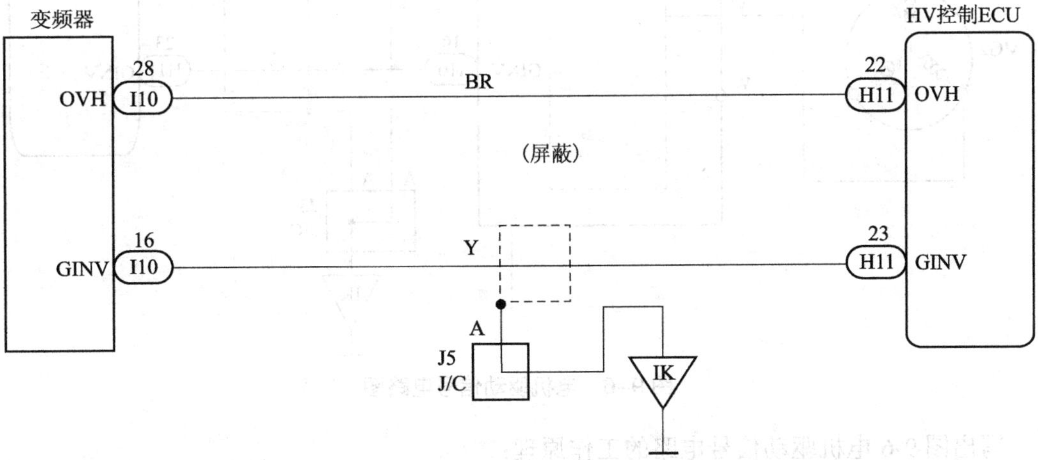

图 9–5　电机过压检测电路图

写出图 9-5 电机过压检测电路的工作原理：

4．电机驱动信号

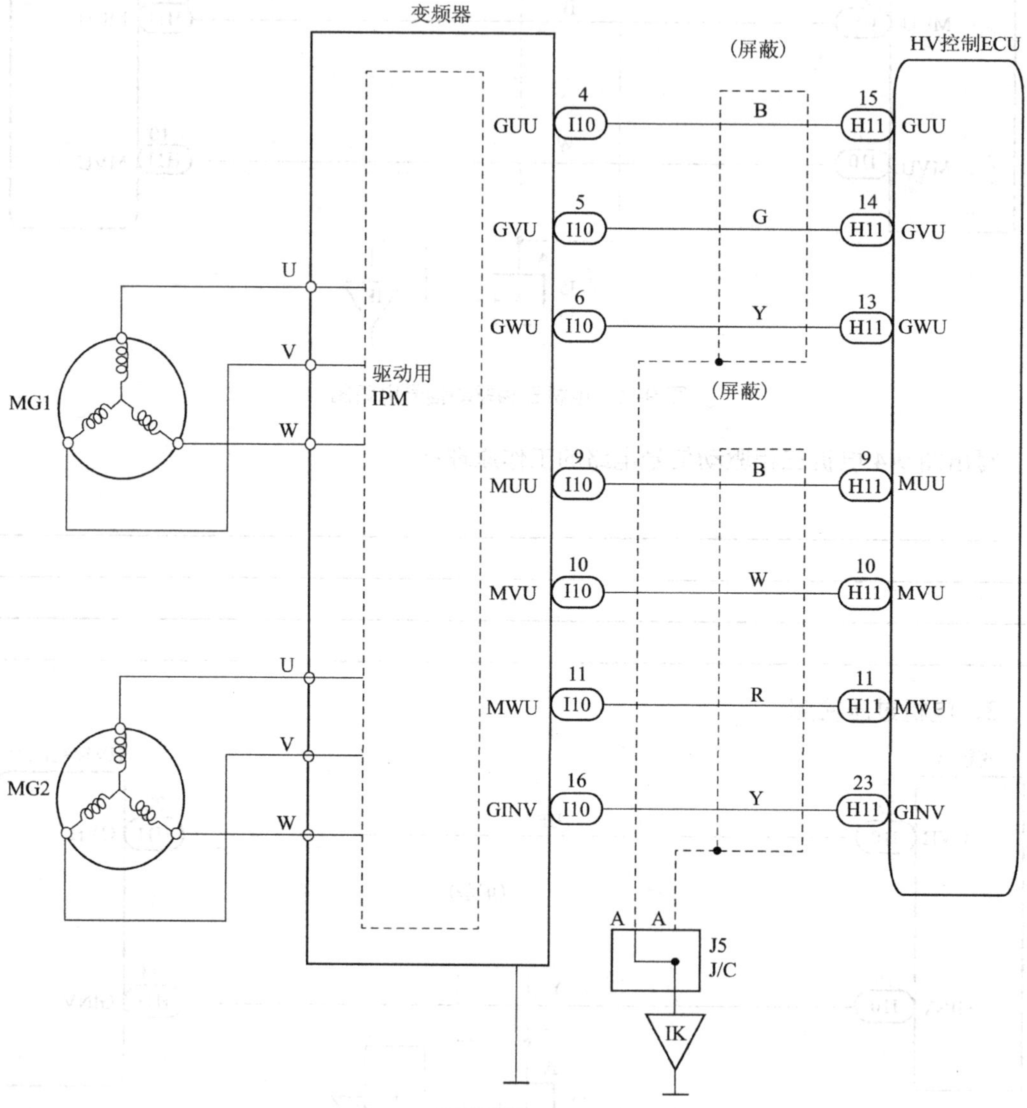

图 9–6　电机驱动信号电路图

写出图 9-6 电机驱动信号电路的工作原理：

5. IGCT 变频器复位

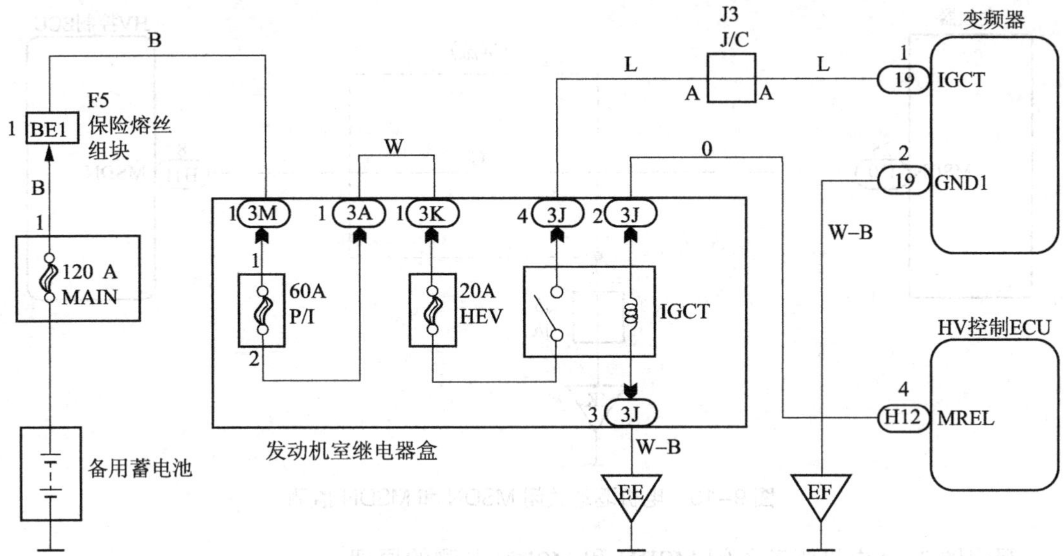

图 9–8 IGCT 变频器复位电路图

写出图 9-8 IGCT 变频器复位电路的工作原理：

6. 电机变频器故障输出 MFIV 和 MFIV 线故障监控

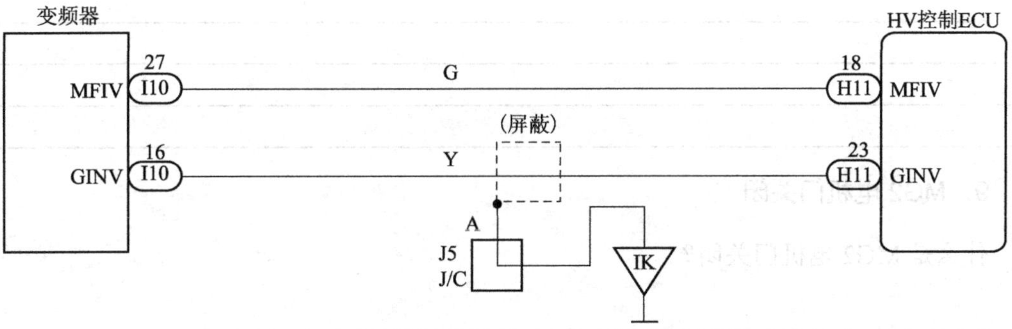

图 9–9 电机变频器故障输出 MFIV 和 MFIV 线故障监控

写出图 9-9 电机变频器故障输出 MFIV 和 MFIV 线故障监控的原理：

7．电机驱动关闭 MSDN

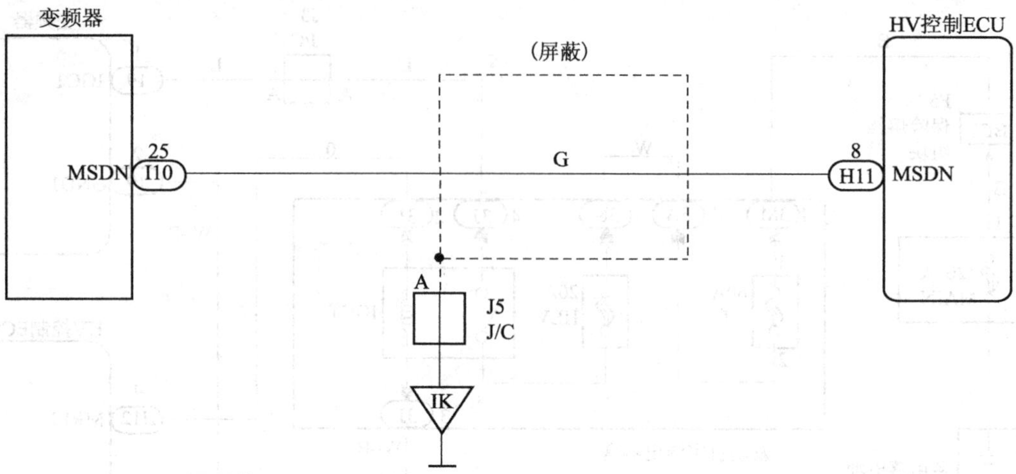

图 9-10　电机驱动关闭 MSDN 和 MSDN 监测

写出图 9-10 电机驱动关闭 MSDN 和 MSDN 监测的原理：

8．MG2 扭矩监控

什么是 MG2 扭矩监控？

9．MG2 电机门关闭

什么是 MG2 电机门关闭？

10．变频器增压输出电压（VH）传感器偏移

什么是变频器增压输出电压（VH）传感器偏移？

11．发电机 MG1 变频器故障

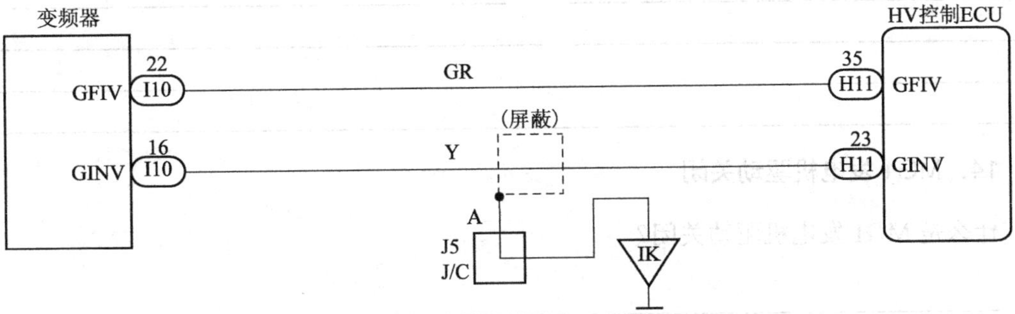

图 9-11　发电机 MG1 变频器故障输出电路

写出图 9-11 发电机 MG1 变频器故障输出电路的工作原理：

12．发电机 MG1 驱动关闭

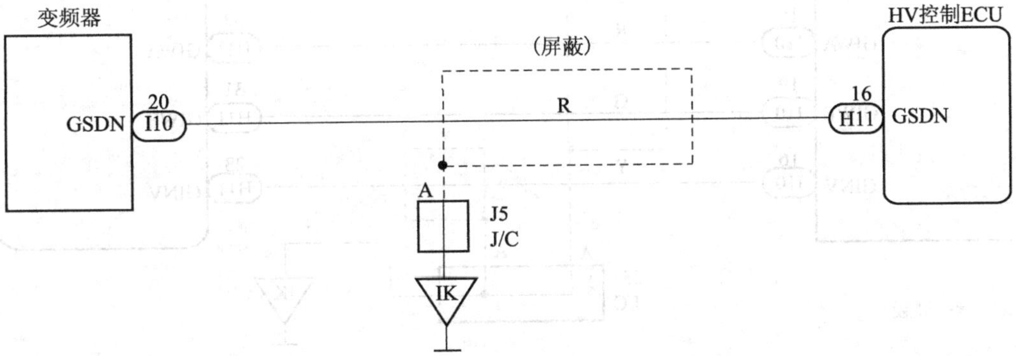

图 9-12　发电机 MG1 驱动关闭电路图

写出图 9-12 发电机 MG1 驱动关闭电路的工作原理：

13．发电机 MG1 扭矩监测

什么是发电机 MG1 扭矩监测？

14．MG1 发电机驱动关闭

什么是 MG1 发电机驱动关闭？

15．电机电流传感器

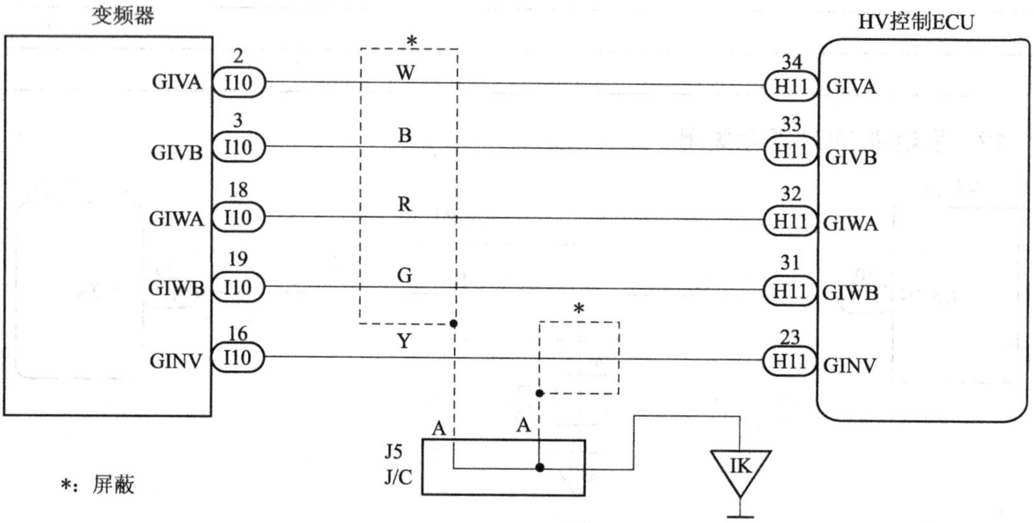

图 9-13　MG1 电机电流传感器电路图

写出图 9-13 MG1 电机电流传感器电路的工作原理：

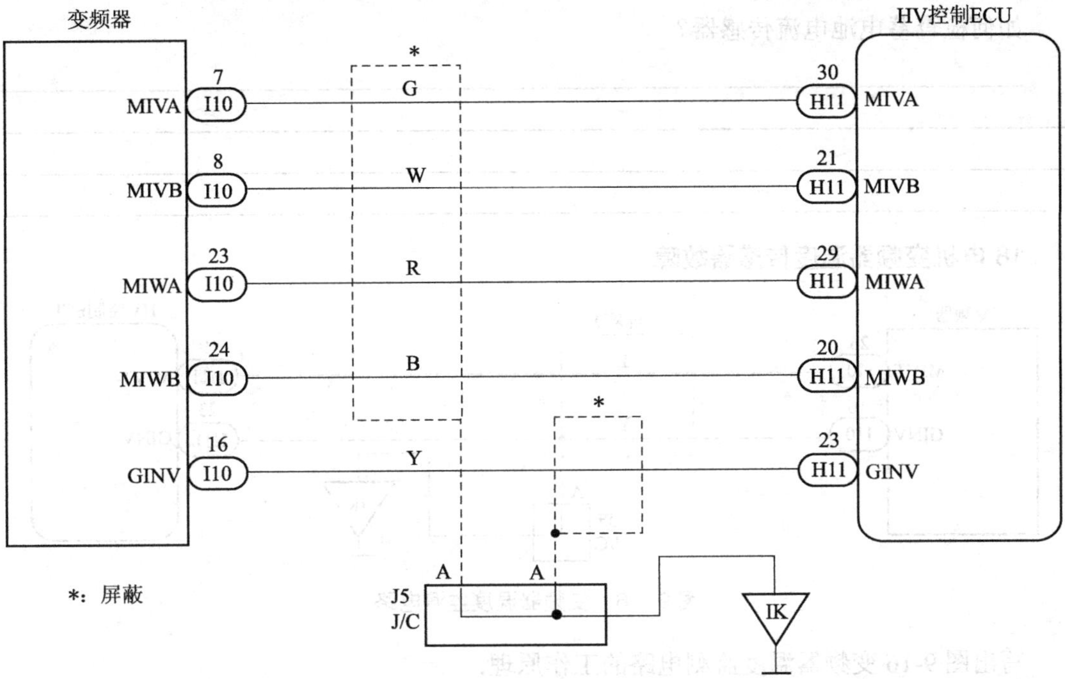

图 9–14　MG2 电机电流传感器电路图

写出图 9-14 MG2 电机电流传感器电路的工作原理：

16．三相电机驱动

什么是电机定子和转子夹角控制？

17．MG2 电机的动力补偿

什么是 MG2 电机的动力补偿？

如何检查蓄电池电流传感器？

18.电机变频器温度传感器故障

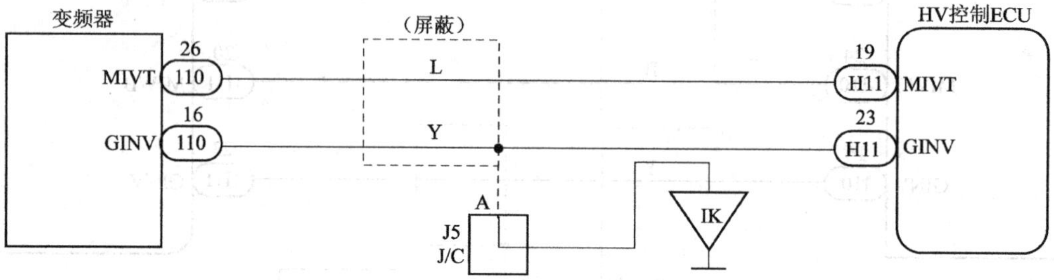

图 9–16　变频器温度监测电路

写出图 9-16 变频器温度监测电路的工作原理：

19.发电机变频器温度传感器

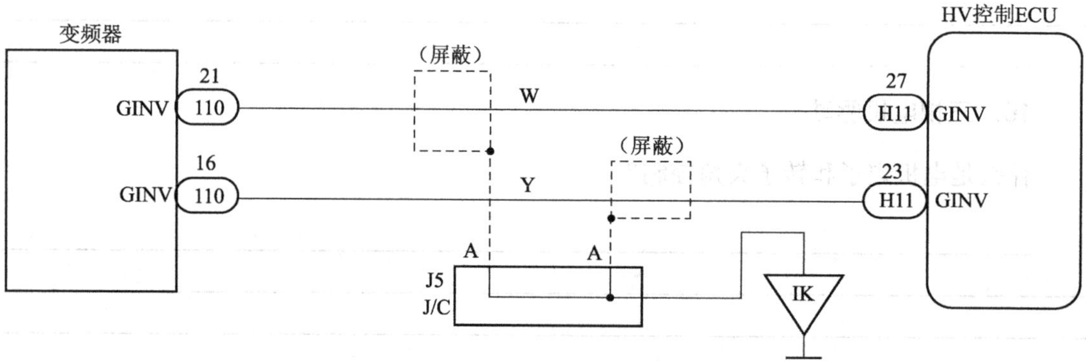

图 9–17　发电机变频器温度传感器电路图

写出图 9-17 发电机变频器温度传感器电路的工作原理：

9.3 变频器冷却系统

发动机冷却系统可称为______冷却系统，由变频器和电机所组成的冷却系统可称为________冷却系统，尽管带转换器的变频器总成和电机生热功率并不是很高，但换流器件要想在大功率条件下稳定工作的一个重要条件就是控制温度要低，一般在________以下。

1. 冷却系统循环

变频器利用 IGBT 将 HV 蓄电池直流电压转换为 MG1 和 MG2 的交流电压，在转换过程中 IGBT 要产生热量，一套变频器的热功率一般为_______W。如果不经冷却系统散热，则累积的热量可能损坏变频器。为保证管内空气能较容易地放干净，在变频器上有_______用于放气。

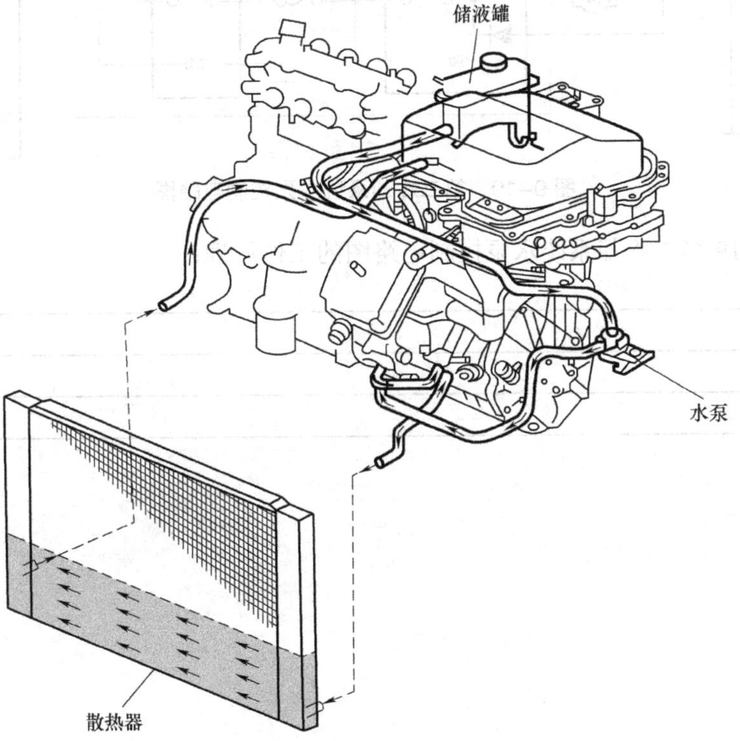

图 9-18 第二冷却系统管路图

写出图 9-18 第二冷却系统管路图的循环路径：

____

____

____

2. 冷却系统电路检修

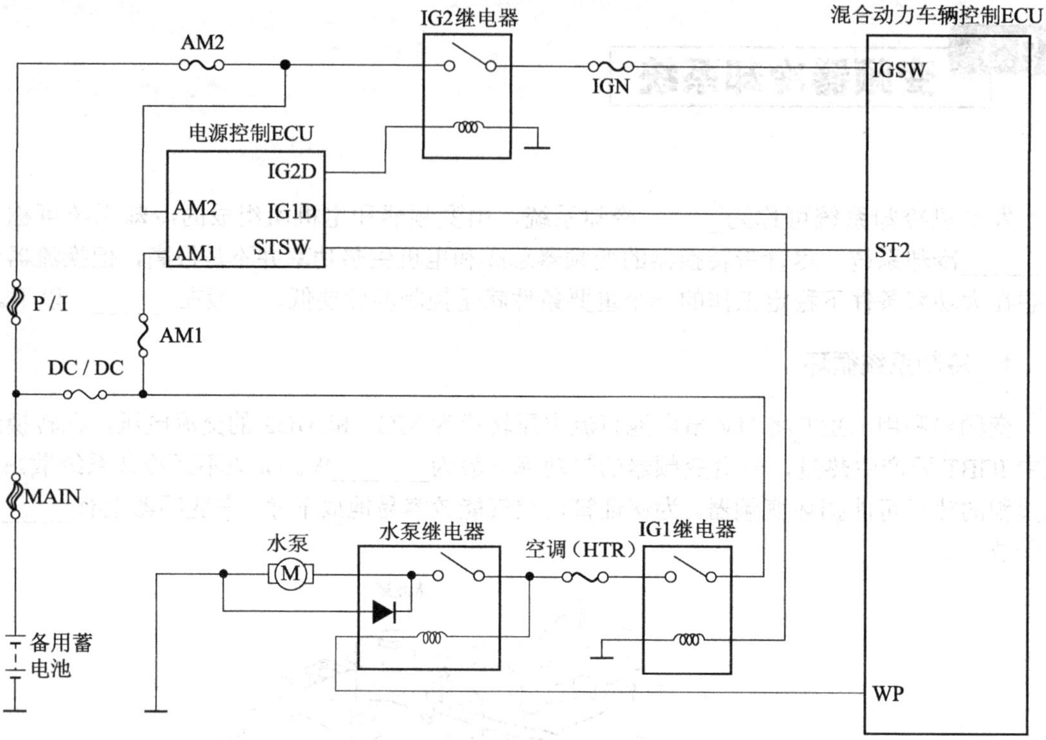

图 9-19　第二冷却系统水泵控制电路图

写出图 9-19 第二冷却系统水泵控制电路图的工作原理：

·第10章·

线控驻车挡原理与检修

10.1 线控驻车挡控制

1. P挡开关

写出图10-1 P挡（驻车挡）开关电路的工作原理：

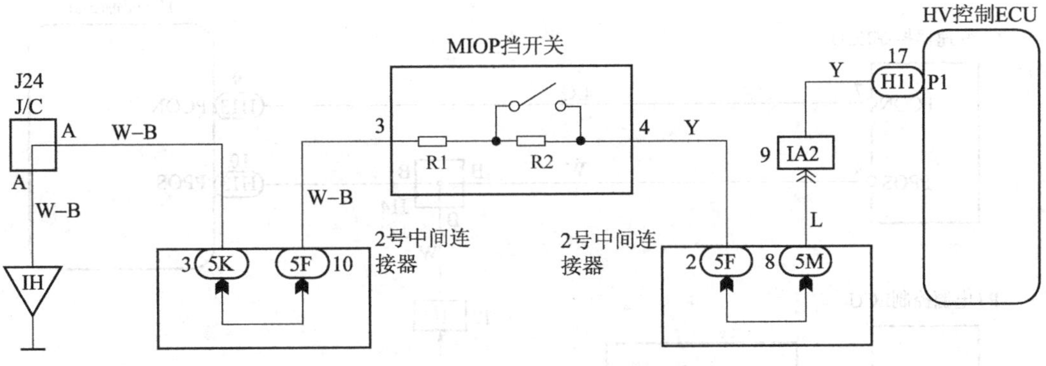

图10–1 P（驻车挡）挡开关电路图

2. P挡控制

（1）简速

写出图10-2 换挡位置和驻车信号传输的原理：

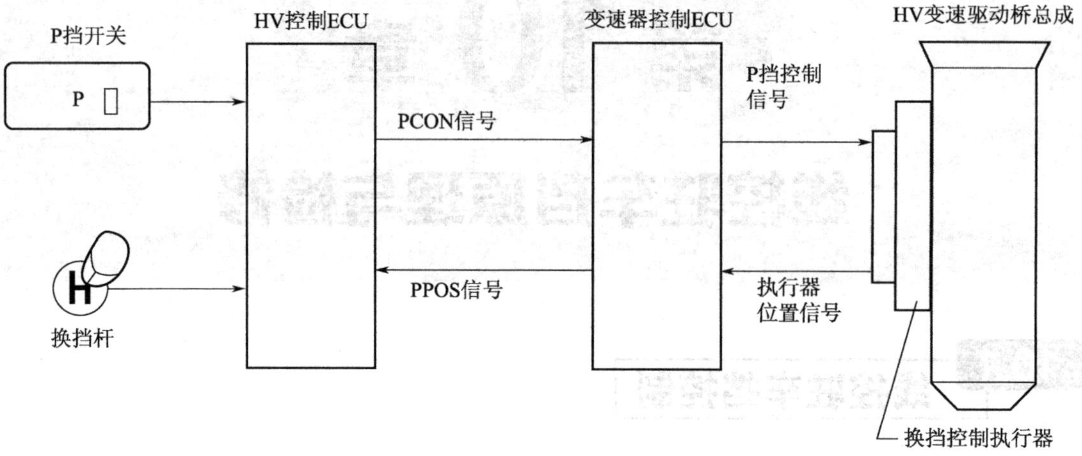

图 10-2 换挡位置和驻车信号传输

（2）故障检修

写出图 10-3 变速驱动桥挡位信号电路的工作原理：

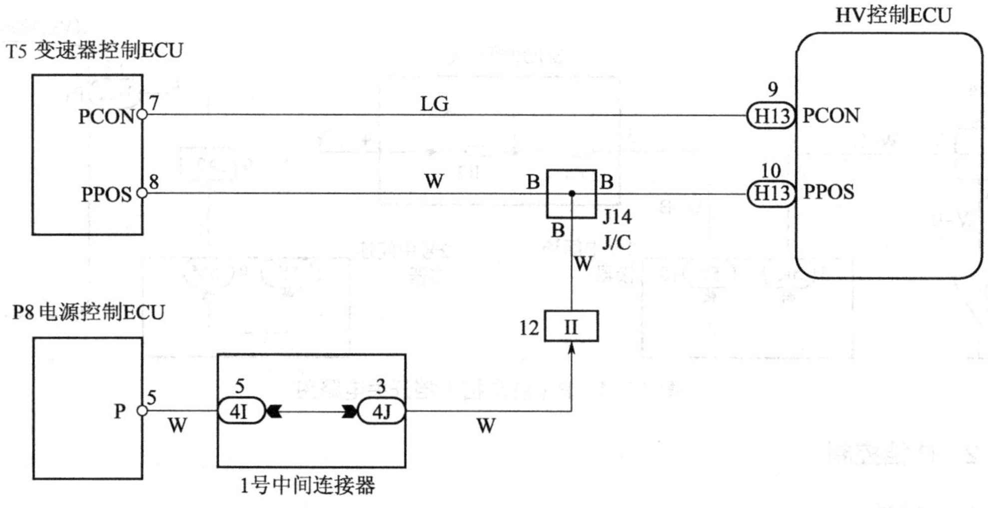

图 10-3 变速驱动桥挡位信号电路图

10.2 挡位传感器

1. 挡位传感器

简介挡位传感器：

2. 换挡传感器

简介换挡传感器：

3. 选挡传感器

简介选挡传感器：

写出图 10-6 换挡传感器电路和信号输出与挡位对应关系的工作原理：

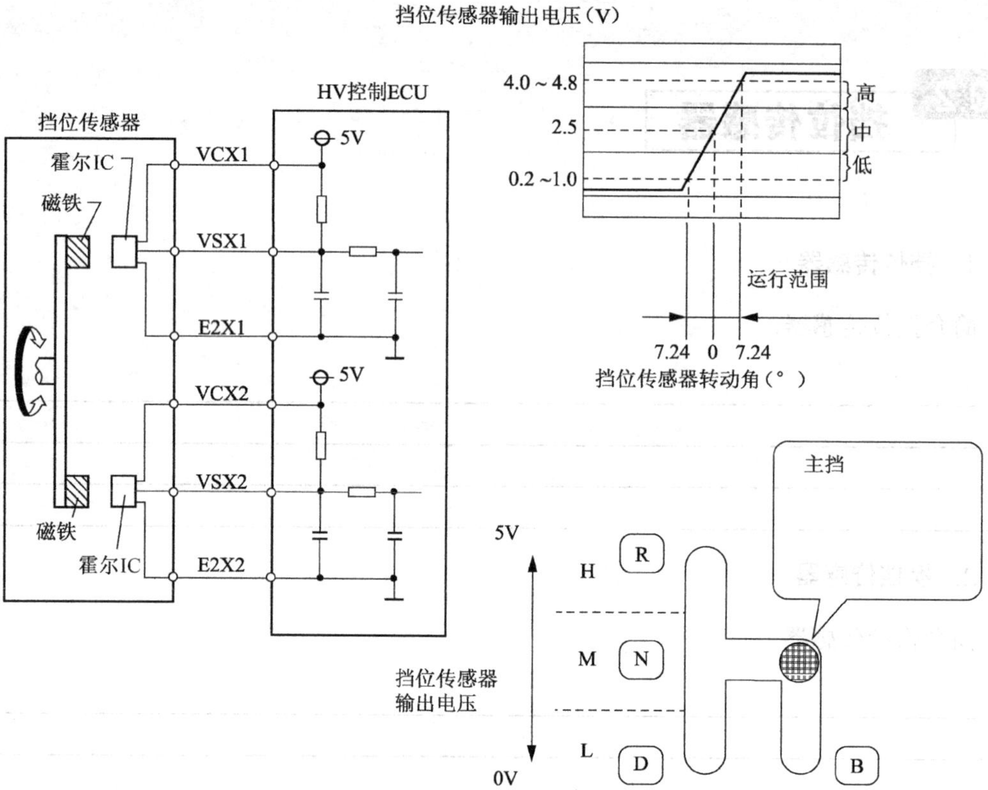

图 10-6 换挡传感器电路和信号输出与挡位对应关系

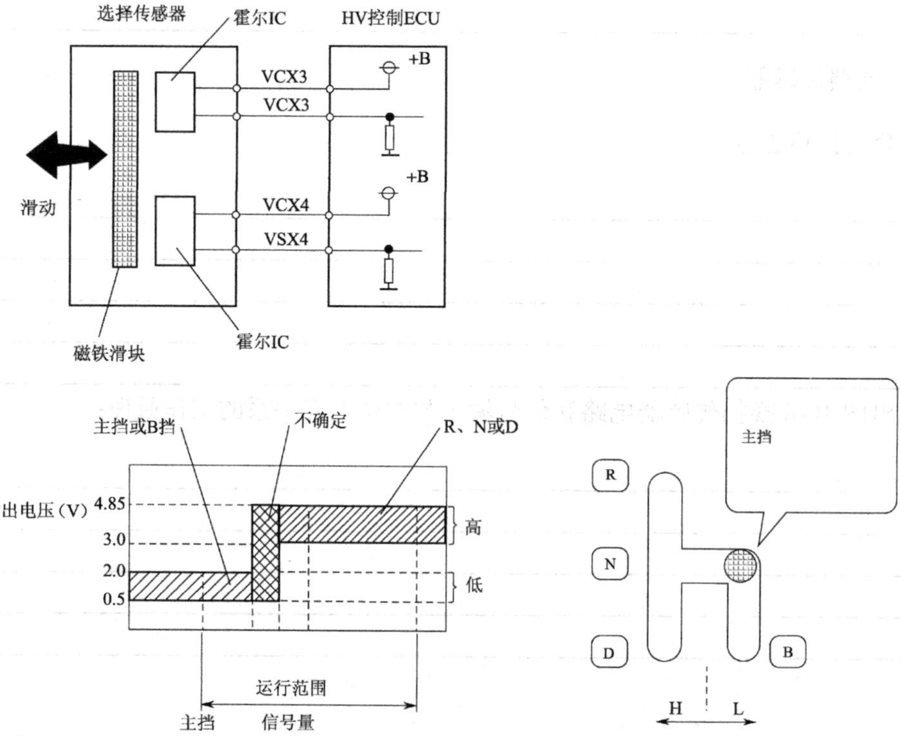

图 10-7 挡位选挡传感器和挡位与信号对应关系

写出图 10-7 挡位选挡传感器和挡位与信号对应关系的工作原理：

______

______

______

4．电路图

写出在图 10-8 中，当换挡杆位于 D 位时信号线 VSX1、VSX2、VSX3、VSX4 的电压：

______

______

______

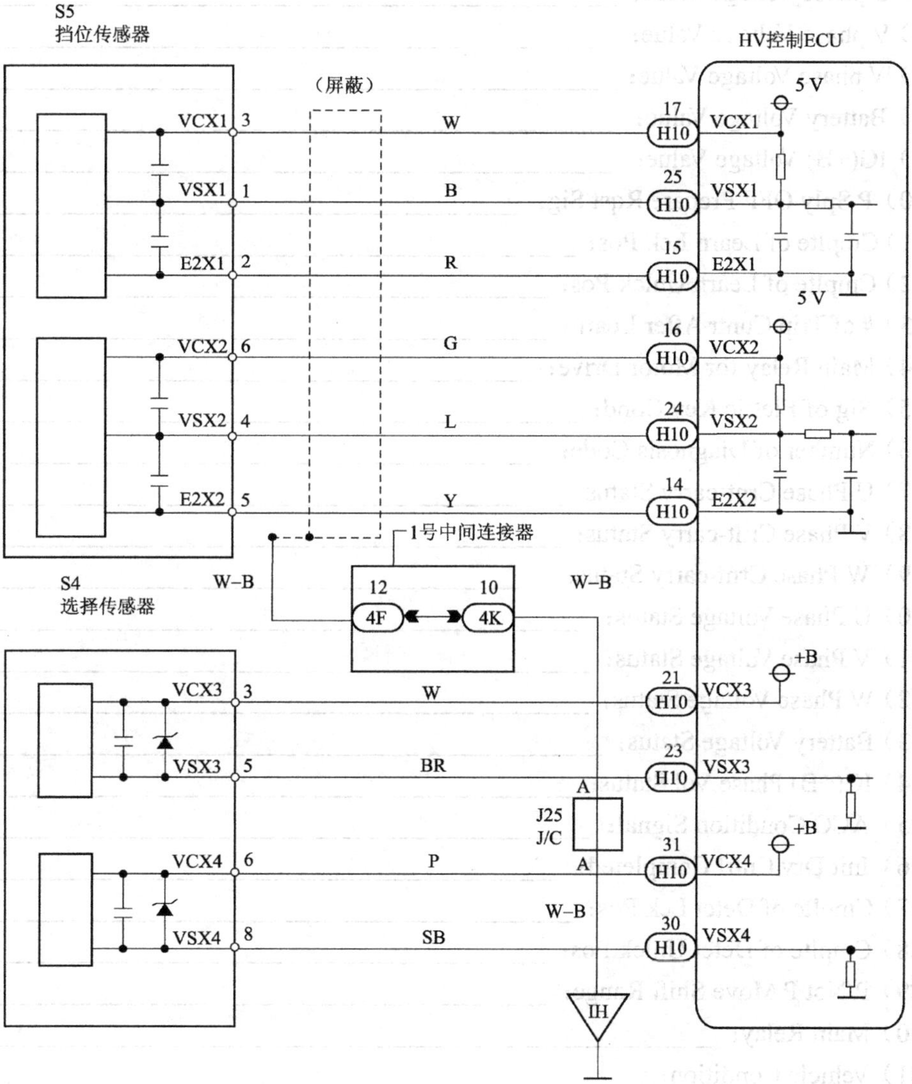

图 10–8　换挡杆水平选挡和垂直换挡传感器电路图

10.3 线控驻车挡数据流

翻译下列数据流。

（1）Shift Pos Display(P)：______

（2）Shift Pos Display(Not P)：______

（3）Master Caution Display：______

（4）Psw Indicator Value：______

（5）U phase Voltage Value：______

（6）V phase Voltage Value：______

（7）W phase Voltage Value：______

（8）Battery Voltage Value：______

（9）IG(+B) Voltage Value：______

（10）P Sply OFF Prepare Rqst Sig：______

（11）Cmplte of Learn Lck Pos：______

（12）Cmplte of Learn Unlck Pos：______

（13）# of Trip Cuntr After Learn：______

（14）Main Relay for Motor Drive：______

（15）Sig of Eletric Key Cond：______

（16）Number of Diagnosis Code：______

（17）U Phase Crnt-carry Status：______

（18）V Phase Crnt-carry Status：______

（19）W Phase Crnt-carry Status：______

（20）U Phase Voltage Status：______

（21）V Phase Voltage Status：______

（22）W Phase Voltage Status：______

（23）Battery Voltage Status：______

（24）IG(+B) Phase Vol Status：______

（25）ACC Condition Signal：______

（26）Init Drv Cntrl Completed：______

（27）Cmplte of Detct Lck Pos：______

（28）Cmplte of Detct Unlck Pos：______

（29）P/Not P Move Shift Range：______

（30）Main Relay：______

（31）Vehicle Condition：______

（32）Type of ECU：______

·第 11 章·

电动汽车空调

11.1 电动涡旋压缩机

1. 功能

电动压缩机的特点：

2. 结构

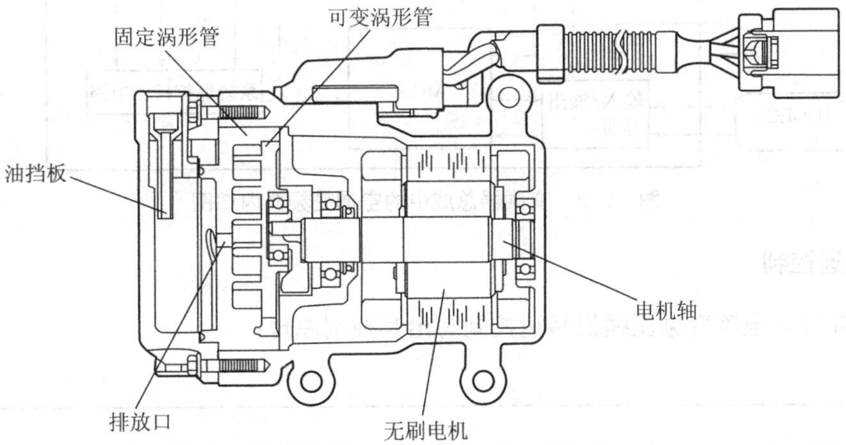

图 11-1 电动变频压缩机内部结构

根据图 11-1 描述电动变频压缩机的内部结构：

11.2 普锐斯空调系统

1. 空调变频器

根据图 11-3 变频器总成中的空调变频器内部图写出其工作原理：

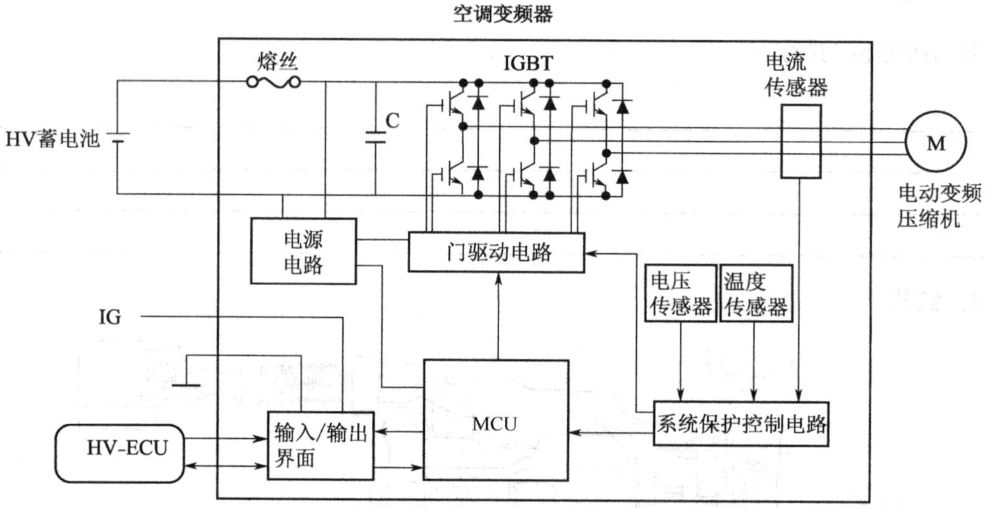

图 11–3 变频器总成中的空调变频器内部图

2. 转速控制

根据图 11-4 电动变频压缩机转速控制写出其控制原理：

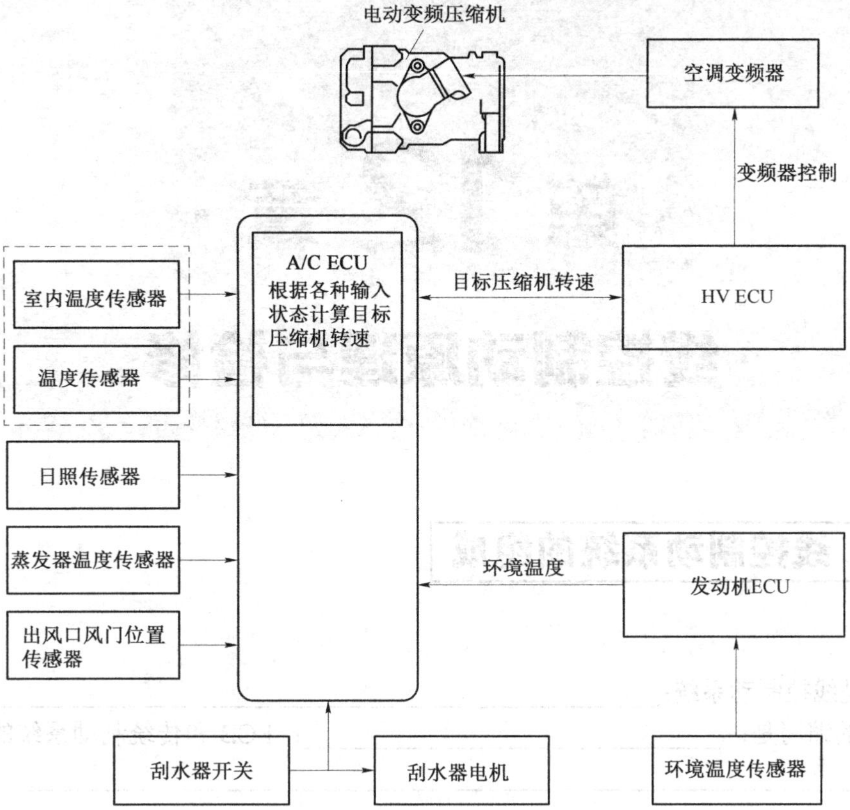

图 11-4 电动变频压缩机转速控制

·第12章·

线控制动原理与检修

12.1 线控制动系统的组成

什么是线控制动系统：____。
ECB 的缩写是：________________________；ECB 和传统制动系统的区别是：
____。

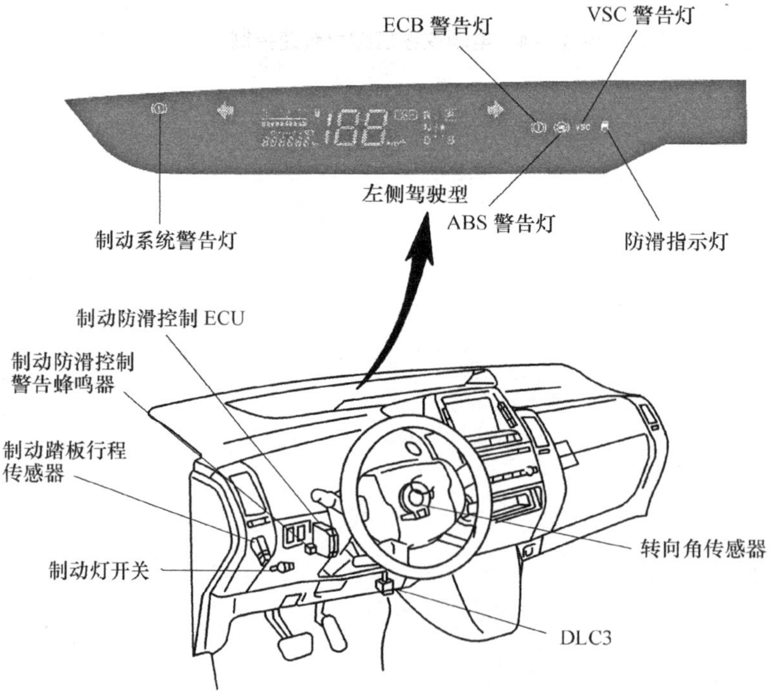

图 12-3（a） 普锐斯的主要组件位置（1）

在图 12-3（a）中画出制动警告灯和 ECB 警告灯的符号：________________；ABS 故障警告灯的符号：________________；车身稳定系统警告灯的符号：________________；防滑指示灯的符号：________________；制动防滑 ECU 的位置：________________；蜂鸣器的作用：________________；

制动踏板行程传感器的位置和作用：____；

方向盘转角传感器的作用：____。

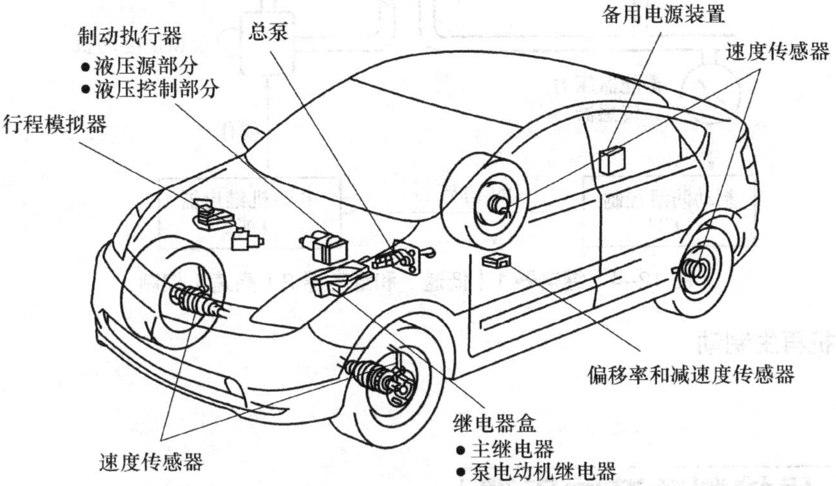

图 12–3（b） 普锐斯的主要组件位置（2）

在图 12-3（b）中，制动总泵是否有真空助力器？________________；制动执行器上除了电动机外，还增加了什么？________________；行程模拟器的作用是什么？________________；行程模拟器上的线束接的是什么元件？________________；储液罐的位置在哪？________________；备用电源的位置在哪？________________；备用电源的作用是什么？________________；偏移率和减速度传感器的作用是什么？________________。

1．普锐斯主要组件的功能

写出图 12-4 继电器 1（低速）和继电器 2（高速）控制的工作原理：

____

____

____

____

____

____

____

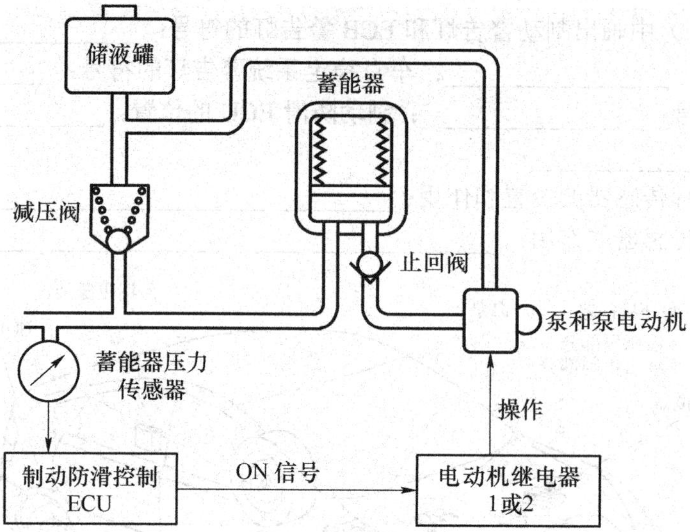

图 12-4 继电器 1（低速）和继电器 2（高速）控制

2. 电机再生制动

12.2 线控制动系统原理

1. 制动力分配

EBD 的英文全称是________________（电子制动力分配），德文缩写为 EBV。制动防滑控制 ECU 根据 4 个车轮速度传感器发出的信号来计算各车轮的转速和减速度，并检查车辆滑移状况。根据滑移率情况，制动防滑控制 ECU 控制供压阀和减压阀，以便用下列 3 种模式来调节各轮缸的液压：__________、__________和__________。

2. 线控液压 ABS 制动

防抱死制动系统 ABS 的全称是______________________________。

（1）增压过程

根据图 12-7 所示增压过程，写出增压控制过程：

____

____

____

____

____

____

____

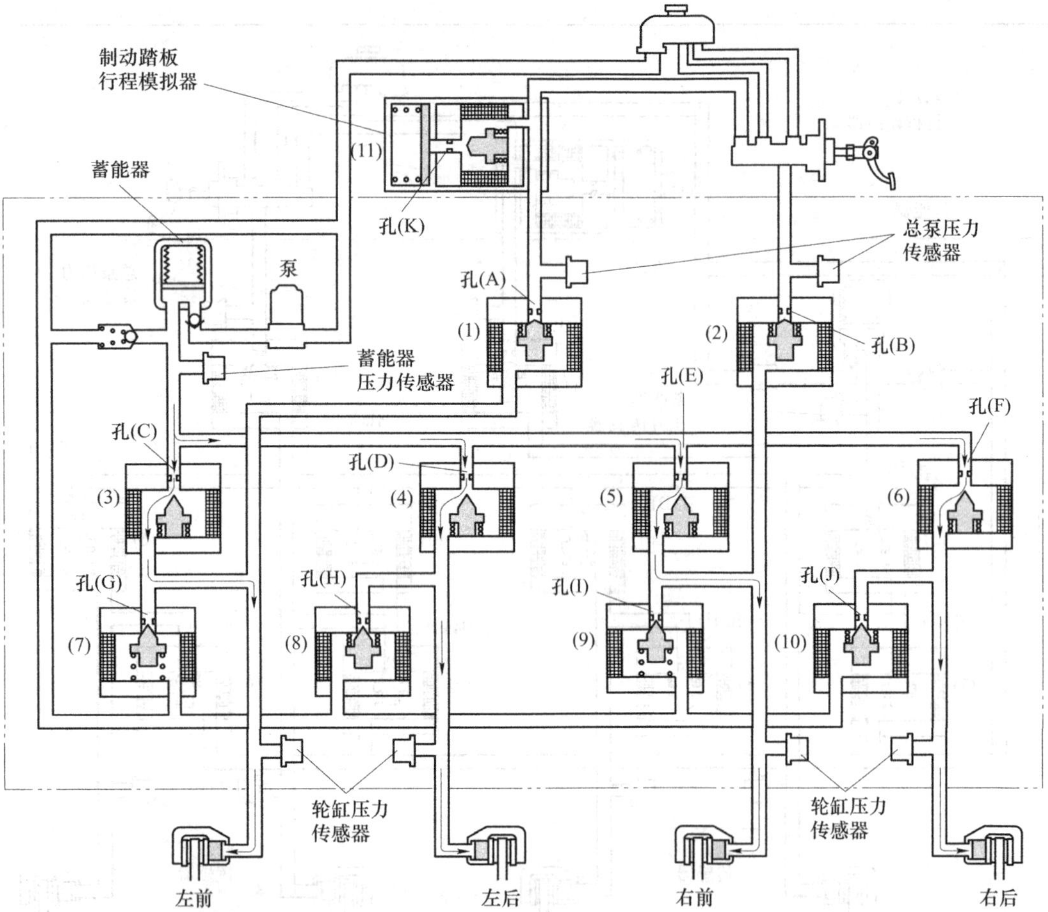

图 12-7　增压过程

（2）保持过程

根据图 12-8 所示保持过程，写出保持控制过程：

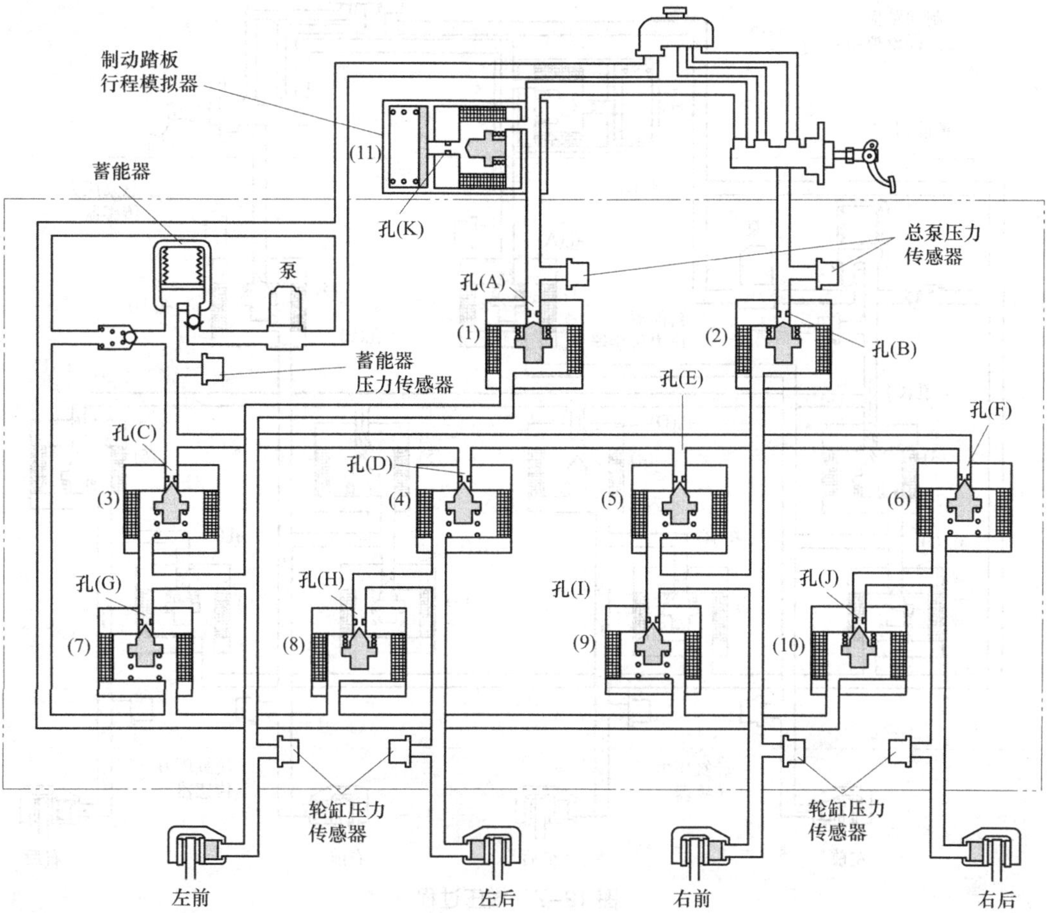

图 12–8　保持过程

（3）减压过程

根据图 12-9 所示减压过程，写出减压控制过程：

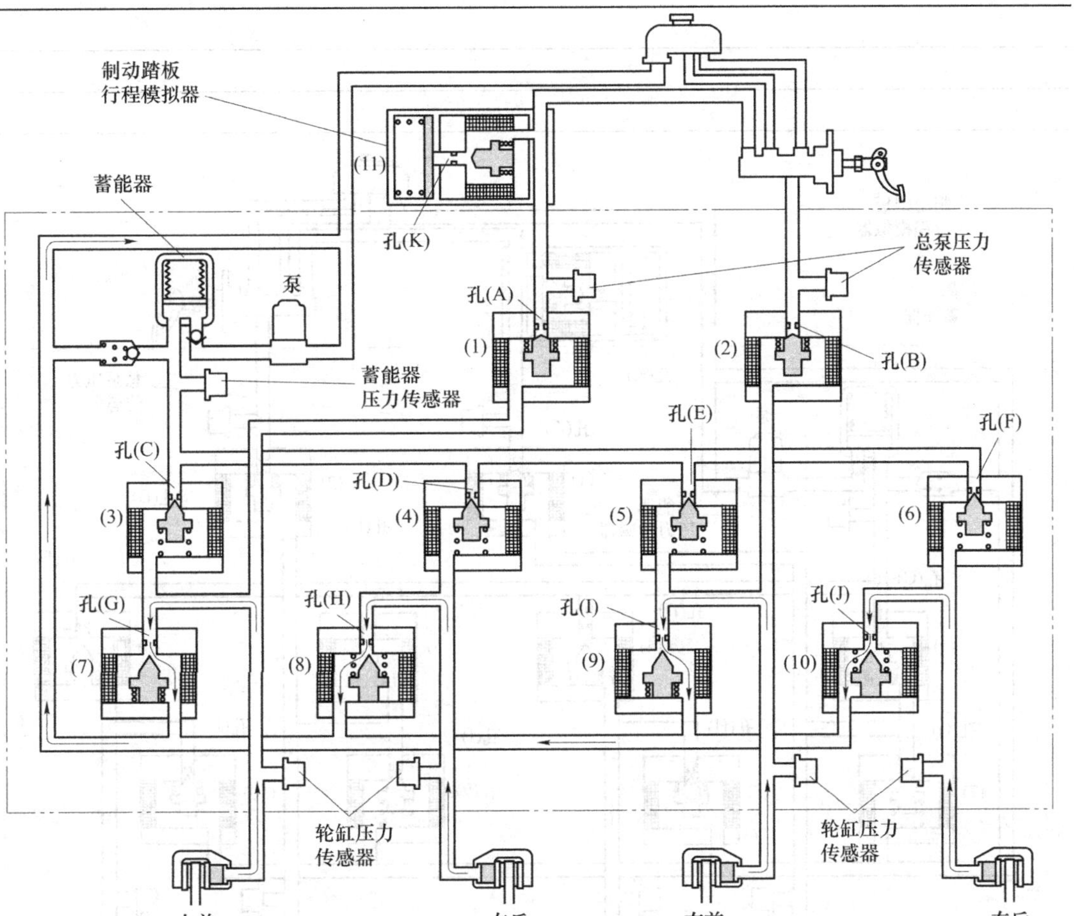

图 12–9 减压过程

3. 制动助力操作

根据图 12-10 所示制动助力操作，写出助力控制过程：

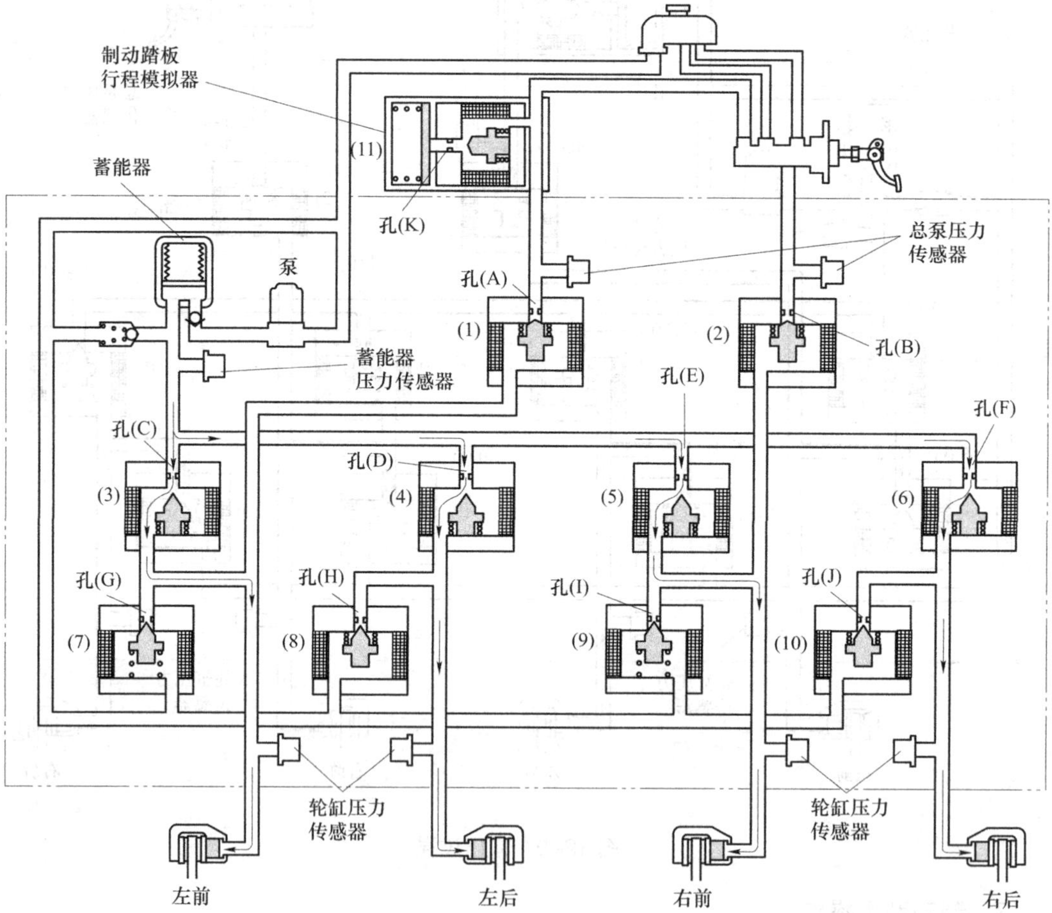

图 12-10 制动助力操作

12.3 车身稳定控制

车身稳定控制系统（______________________，VSC）是丰田公司开发的一种汽车主动安全系统，能够极大地提高车辆操控安全系数和驾驶便利性。

VSC 的功能：

____

____

____

1. VSC+系统

（1）判定车辆状态的方法

右转弯时如何判定前轮滑动：

____

____

____

右转弯时如何判定后轮滑动：

____

____

____

（2）VSC+控制方法

右转弯时如何阻止前轮滑动：

____

____

____

右转弯时如何阻止后轮滑动：

____

____

____

什么叫 EPS 系统的联合控制：

____

____

____

2. 自诊断和安全保护

简述什么是自诊断和安全保护：

____

____

____

____

12.4 线控制动数据流

翻译下列数据流。

（1）Shift POS Display(P)：______________________________

（2）Shift POS Display(Not P)：______________________________

（3）Master Caution Display：______________________________

（4）PSW Indicator Mode：______________________________

（5）U Phase Voltage Value：______________________________

（6）V Phase Voltage Value：______________________________

（7）W Phase Voltage Value：______________________________

（8）Battery Voltage Value：______________________________

（9）IG(+B) Voltage Value：______________________________

（10）P Sply OFF Prepare Rqst Sig：______________________________

（11）Cmplte of Learn Lok Pos：______________________________

（12）# of Trip Cuntr After Learn：______________________________

（13）Main Relay for Motor Drive：______________________________

（14）Sig of Electric Key Cond：______________________________

（15）Number of Diagnosis Code：______________________________

（16）U Phase Crnt-carry Status：______________________________

（17）V Phase Crnt-carry Status：______________________________

（18）W Phase Crnt-carry Status：______________________________

（19）U Phase Voltage Status：______________________________

（20）V Phase Voltage Status：______________________________

（21）W Phase Voltage Status：______________________________

（22）Battery Voltage Status：______________________________

（23）IG(+B) Phase Vol Status：______________________________

（24）Acc Condition Signal：______________________________

（25）Init Drv Condition Signal：________________

（26）Cmplte of DetctLck Pos：________________

（27）Cmplte of Detct Unlck Pos：________________

（28）P/Not P Move Shift Range：________________

（29）Main Relay：________________

（30）Vehicle Condition：________________

（31）Type of ECU：________________

·第 13 章·

奥迪 Q5 混合动力汽车

13.1 混动奥迪 Q5 简介

1．Audi Q5 hybrid quattro

简介 Audi Q5 混动汽车：

____

____

____

2．能量流

参考图 13-1 和图 13-2 完成下列填空。

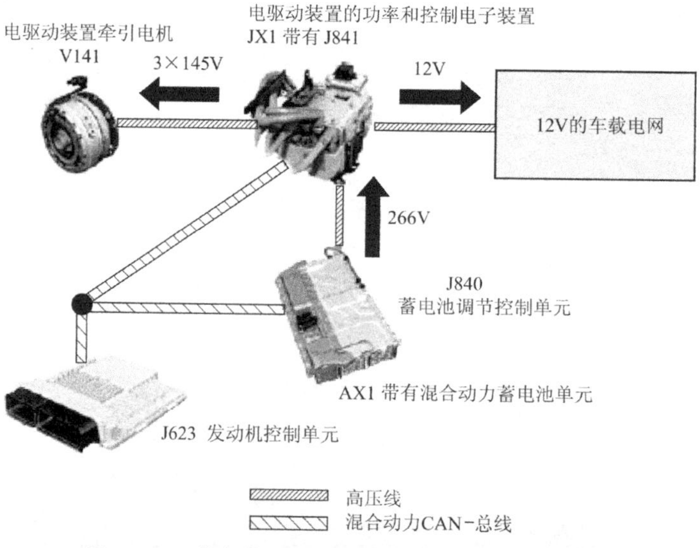

图 13-1　蓄电池向电机和低压 12V 电气系统供电

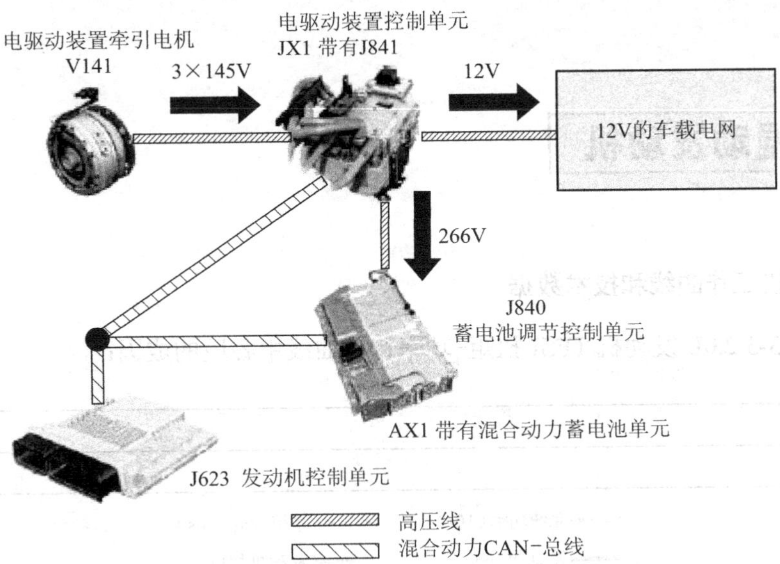

图 13-2 电机能量再生发电供给蓄电池和低压电气系统

电驱动阶段：

____

____

____

____

能量回收阶段：

____

____

____

____

电动加速（E-Boost）阶段：

____

____

____

____

下坡阶段：

____

____

____

____

13.2 混动发动机

1. 发动机工作曲线和技术数据

分析图 13-3 2.0L 发动机 TFSI 扭矩-功率特性曲线中各段的成因：

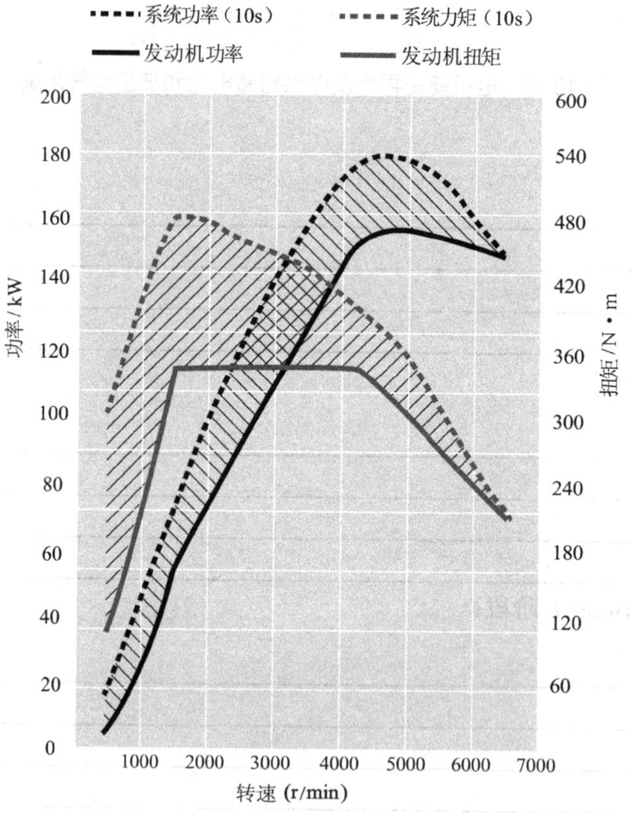

图 13-3　2.0L 发动机 TFSI 扭矩-功率特性曲线

2. 2.0L-TFSI 发动机的变化

（1）省去了辅助装置的皮带传动机构

（2）后消音器上的可控式排气阀

（3）冷却

在图 13-5 中找出该冷却系统工作的发动机高温循环部件和电机驱动的低温循环部件，并写出发动机高温循环和电机驱动的低温循环路径。

发动机高温循环路径：

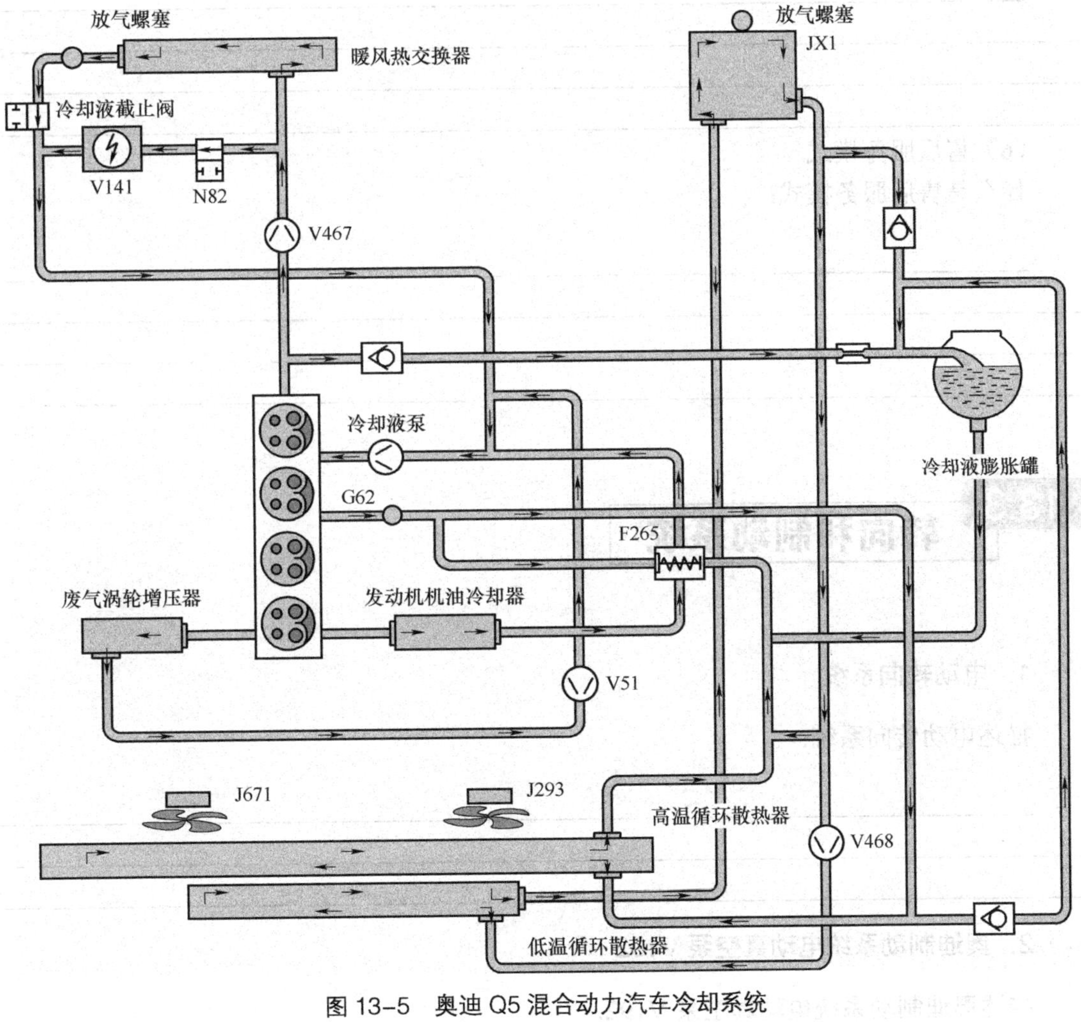

图 13-5　奥迪 Q5 混合动力汽车冷却系统

电机驱动的低温循环路径：

（4）发动机控制单元 J623

（5）运输模式

什么是运输模式：

（6）售后服务模式

什么是售后服务模式：

13.3 转向和制动系统

1．电动转向系统

描述电动转向系统：

2．奥迪制动系统电动真空泵 V192

描述奥迪制动系统电动真空泵 V192：

____
____
____

奥迪 Q5 混合动力制动系统采用电动真空泵 V192 后，发动机工作时，电动真空泵是否还工作：______________________；纯电动工况电动真空泵工作的机会多还是少：______________________。

3．ESP-总成

描述 ESP-总成：

____
____
____

奥迪 Q5 混合动力制动系统中哪个传感器控制能量回收：__________________。

13.4 高压系统元件

1．混合动力蓄电池单元 AX1

描述混合动力蓄电池单元 AX1：

____
____
____
____
____

蓄电池壳体使用电位均衡线后，壳体一旦漏电，人站在车身上是否会被电击：______________；实践中见到这根电位均衡线没有接到车身上是错误的。

2．蓄电池管理控制单元 J840

描述蓄电池管理控制单元 J840：

____
____
____
____
____

（1）高压上电继电器

描述高压上电继电器：

____

____

____

____

____

丰田普锐斯的高压上电继电器是由哪个控制单元控制的：__________________；和奥迪 Q5 有什么区别：____。

（2）高压蓄电池 A38

描述高压蓄电池 A38：

____

____

____

____

____

奥迪 Q5 混合动力仪表的 SOC 表在 0%说明电池电量为多少：____________；奥迪 Q5 混合动力仪表的 SOC 表在 100%说明电池电量为多少：________；电池电量状态低于多少无法进行高压启动：____________；电量状态低于 20%，高压上电继电器是否断开：____________。

（3）高压蓄电池的充电

描述高压蓄电池的充电：

____

____

____

____

____

奥迪 Q5 混合动力汽车高压蓄电池无电时，充电机要跨接到什么上：____________；如何在车上找到这个启动销：____________；若充电过程中断说明什么：____________；电量状态低于 5%，高压蓄电池还能向 12V 蓄电池充电吗：____________。

（4）高压系统保养（维修）插头 TW

① 保养插头的开锁和上锁。

② 拔下保养插头。

针对奥迪 Q5 混合动力汽车，组织学生进行一次蓄电池箱维护的安全操作，完成后，在下面记录操作过程：

____

____

____

____

3．高压安全设计

（1）绝缘控制

什么是绝缘控制：

____

____

____

（2）带有安全插头 TV44 的安全设计

描述安全设计：

____

____

____

（3）安全线接合

什么是安全线接合：

____

____

____

（4）安全线中断

什么是安全线中断：

____

____

____

（5）安全插头 TV44

安全插头 TV44 的作用：

____

____

____

4．蓄电池冷却

根据图 13-15 蓄电池冷却系统元件位置图，完成下列问题。

奥迪 Q5 的蓄电池降温是通过在电池箱内使用空调的蒸发箱完成的，这与丰田普锐斯是否相同？

____

____

数一数电池箱内的电池单元个数是多少：____________；热空气遇冷会生成水，设计上是否应该有排水装置：____________；循环空气模式是否从备胎坑中吸入空气：____________。

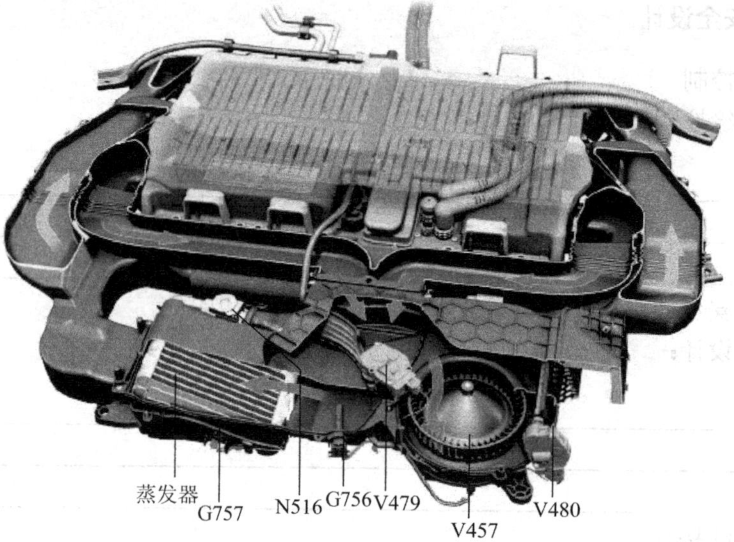

图 13-15　蓄电池冷却系统元件位置

请写出图 13-15 蓄电池冷却系统元件名称，不要从前面直接抄录下来。

G757：__________；N516：__________；G756：__________；

V479：__________；V457：__________；V480：__________。

5．电驱动装置的功率和控制电子系统 JX1

从单/双向角度说一说奥迪 Q5 的 12V DC/DC 和丰田普锐斯的 12V DC/DC 的不同：

____

____

丰田普锐斯汽车的功率电子装置的冷却电动循环泵是由哪个控制单元控制的：__________。

奥迪 Q5 混合动力汽车的冷却电动循环泵是由哪个控制单元控制的：__________。

Q5 混合动力汽车在电机控制上采用了电机相线电流传感器、电机转子位置传感器 1G713（检查转子的转速和位置）、电机温度传感器 1G712（检查电机 V141 的冷却液温度），从控制传感器的种类来分析与丰田普锐斯是否相同：______。

13.5 混动电机

1．电驱动装置的电机 V141

描述电驱动装置的电机 V141：

奥迪 Q5 发动机的排量是多少：＿＿＿＿＿＿；电驱动功率和控制电子装置 JX1 的位置：＿＿＿＿＿＿；电机控制器的位置：＿＿＿＿＿＿；电机 V141 的位置：＿＿＿＿＿＿；从逆变器引入几根电缆：＿＿＿＿＿＿；从逆变器又引出几根电缆：＿＿＿＿＿。

2. 永磁同步电机

描述永磁同步电机：

奥迪 Q5 混合动力的电机冷却在发动机的高温回路上还是低温回路上：＿＿＿＿＿＿；与丰田普锐斯电机冷却的区别是什么：＿＿＿＿＿＿＿＿＿＿。在学习发动机冷却系统时，请掌握创新温度管理的控制思路，为学习奥迪发动机高温冷却系统提供技术支撑。

13.6 混动汽车空调

奥迪 Q5 混合动力汽车空调电机逆变器的位置：＿＿＿＿＿＿；电机外部的高压线为几根线芯：＿＿＿＿＿＿。丰田普锐斯空调电机逆变器的位置：＿＿＿＿＿＿。

根据图 13-19（a）所示，写出奥迪 Q5 混合动力汽车空调元件的位置和名称。

V470：＿＿＿＿＿＿；＿＿＿＿＿＿。J842：＿＿＿＿＿＿；＿＿＿＿＿＿。

G395：＿＿＿＿＿＿；＿＿＿＿＿＿。N157：＿＿＿＿＿＿；＿＿＿＿＿＿。

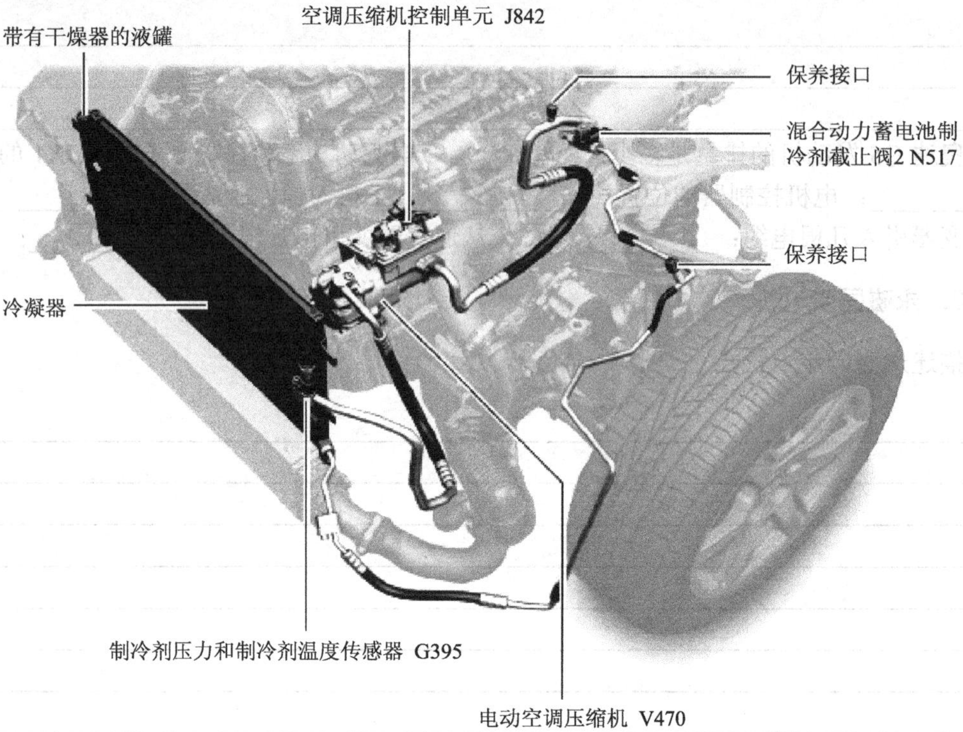

（a）电动空调系统元件位置

图 13-19　空调压缩机控制单元

13.7 汽车高压系统

1．导线高压插头环编码和机械编码

描述导线高压插头环编码和机械编码：

____

____

____

2．功率控制电子装置的连接

参考主教材中的图 13-23～图 13-25，写出下列元件的位置和名称。

P3：________________；________________。P1 和 P2：________________；________________。

P4、P5、P6________________；________________。

3. 12V 车载供电网

请写出主教材中图 13-26 所示高压和低压电源系统元件位置和名称。

A1：____________；______________。2J934：____________；________________。

J387：___________；______________。J7：_______________；_______________。

TV1：___________；______________。J850：_____________；________________。

（1）12V 辅助启动机

丰田普锐斯只有备用 12V 蓄电池，没有 12V 启动机用蓄电池的优缺点各是什么？

____

____

____

奥迪 Q5 采用备用 12V 蓄电池和 12V 启动机用蓄电池的优点是什么？

____

____

____

（2）电子点火开关

电子点火开关的功能是：

____

____

____

（3）安全气囊控制单元 J234

安全气囊控制单元 J234 的功能是：

____

____

____

（4）系统管理

根据图 13-27 所示，写出以下元件的名称：

AX1：____

PX1：____

SX1：____

A38：____

J104：____

J217：____

J234：____

J255：____

J285：____

J457：____

J479：

J480：

J533：

J540：

J623：

J68：

J794：

J840：

J841：

J842：

V141：

V470：

4. 下车识别和自动驻车功能

什么是下车识别和自动驻车功能：

5. 驾驶员缺席识别

什么是驾驶员缺席识别：

请设计驾驶员缺席的假象，测试这时 DC/DC 是否给 12V 蓄电池供电。丰田普锐斯有这个功能吗？

6. 行驶程序

描述行驶程序：

13.8 显示和操纵单元

1. 功率表上的显示

描述功率表上的显示功能：

2. 显示屏

（1）显示故障
描述显示故障：

（2）显示充电状态
描述显示充电状态：

（3）能量流显示
描述下列各项。
① Hybrid Ready：

② 电动驱动模式：

③ 发动机来驱动：

④ 混合动力：

⑤ 能量回收：

⑥ 停车：

13.9 售后服务和车间设备

1．专用工具

售后服务专用工具有 T40262、T40259 和 T40258。

（1）T40262

保养用断开锁 T40262 的功能：

（2）T40259

适配头 T40259 的功能：

（3）T40258

松开工具 T40258 的功能：

2. 车间设备

（1）检测适配器 VAS 6606/10

检测适配器 VAS 6606/10 的功能：

（2）混合动力警告牌 VAS 6649

混合动力警告牌 VAS 6649 的功能：

（3）混合动力警告牌 VAS 6650

混合动力警告牌 VAS 6650 的功能：

图 13-37　VAS 6606、VAS 6649 和 VAS 6650

（4）12V 充电器

12V 充电器的功能：

____

____

____

____

（5）VAS 6558 绝缘电阻测量插头

VAS 6558 绝缘电阻测量插头的功能：

____

____

____

____

（6）无电压测量适配接头 VAS 6558/1-1

无电压测量适配接头 VAS 6558/1-1 的功能：

____

____

____

____

（7）测量插口 VAS 6558/1-2

测量插口 VAS 6558/1-2 的功能：

____

____

____

____

（8）VAS 6558/1-3A

VAS 6558/1-3A 的功能：

第 14 章

大众混合动力汽车技术

14.1 混合动力系统简介

1．3.0 升 245 kW TSI 增压发动机

描述发动机：

____

____

____

____

2．分离式离合器 K0

描述离合器 K0：

____

____

____

____

途锐混合动力汽车的离合器 K0 为干式还是湿式：____________；这个离合器在电动工况是否接合：____________；奥迪 Q5 混合动力汽车电机内部的 K0 离合器为干式还是湿式：____________。

3．电机

描述电机：

____

____

____

____

途锐混合动力汽车电动最高车速约为：__________；电动行驶里程是：__________。

4. 8 挡自动变速箱

描述自动变速箱：

____

____

____

____

5. 托森差速器

描述托森差速器：

____

____

____

____

6. 动力能源

描述动力能源：

____

____

____

____

总能量是如何算出来的：

____

____

____

____

7. 途锐混合动力汽车工况

写出途锐混合动力汽车工况。

（1）电动工况：______________________________

（2）混合动力工况：__________________________

（3）发动机工况：____________________________

8．附录术语

解释下列术语。

（1）混合动力发动机牵引力矩调节

（2）NTC-电阻

（3）PWM-信号

（4）PTC-加热元件

（5）能量回收

（6）旋变信号

（7）安全线

（8）TFSI

（9）检修插头

14.2 动力机械装置

1．发动机

描述发动机：

因为混合动力车也可以仅靠电力驱动行驶且在超速行驶时内燃机关闭，所以车辆需要配备以下电动辅助零件：

（1）

（2）

（3）

（4）

2．电机

描述电机：

（1）车辆可由以下装置驱动

① ________________

② ________________

③ ________________

（2）牵引电机 V141 执行以下功能

① ________________

② ________________

③ ________________

④ ________________

⑤ ________________

⑥ ________________

（3）牵引电机 V141

① 转子结构：

____

② 牵引电机结构：

____

（4）牵引电机逆变器 A37

____

在老师的指导下完成电位均衡线路测试。

在电机上设置安全线（保险圈）的方法，丰田普锐斯汽车是否有：________。

（5）混合动力汽车蓄电池（高压蓄电池）

描述混合动力汽车蓄电池（高压蓄电池）：

____

途锐混合动力的电池箱采用什么方式冷却：________。奥迪 Q5 采用什么方式冷却：________。

大众混合动力汽车的绝缘电阻测试电压为多少：________。

14.3 蓄电池充电和监控

根据图 14-9 描述 12V 蓄电池监测控制单元 J367 的功能：

____

____

____

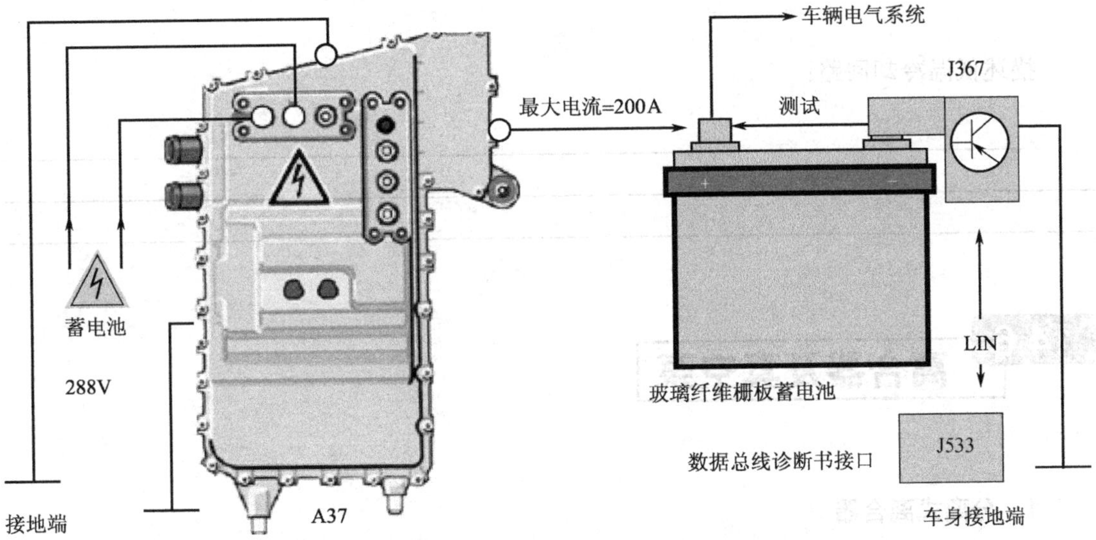

图 14-9 途锐混合动力汽车 DC/DC 低压充电电路

传统燃油汽车在急加速时可以控制发电机少发电，使发动机功率全部用于驱动的功能，混合动力汽车是否有此功能：______________。

14.4 电动汽车空调

1. 电动压缩机

描述电动压缩机 V470：

____

____

____

2．电动压缩机供电

描述电动压缩机 V470 的供电：

14.5 第二冷却系统

描述低温冷却回路：

14.6 离合器及真空泵

1．分离式离合器

描述分离式离合器：

维修更换离合器部件及更换制动液之后，需要通过诊断仪的引导型故障查询，调校分离式离合器。请加以说明。

2．电动真空泵

描述电动真空泵：

____

____

电动真空泵损坏后，汽车是否以电动工况行驶：______________；在主教材图 14-16 中有几个真空源：______________。

14.7 电路图和修理工具

1．电路图

写出元件名称，并在老师的指导下分析电路图图 14-17 和图 14-18。

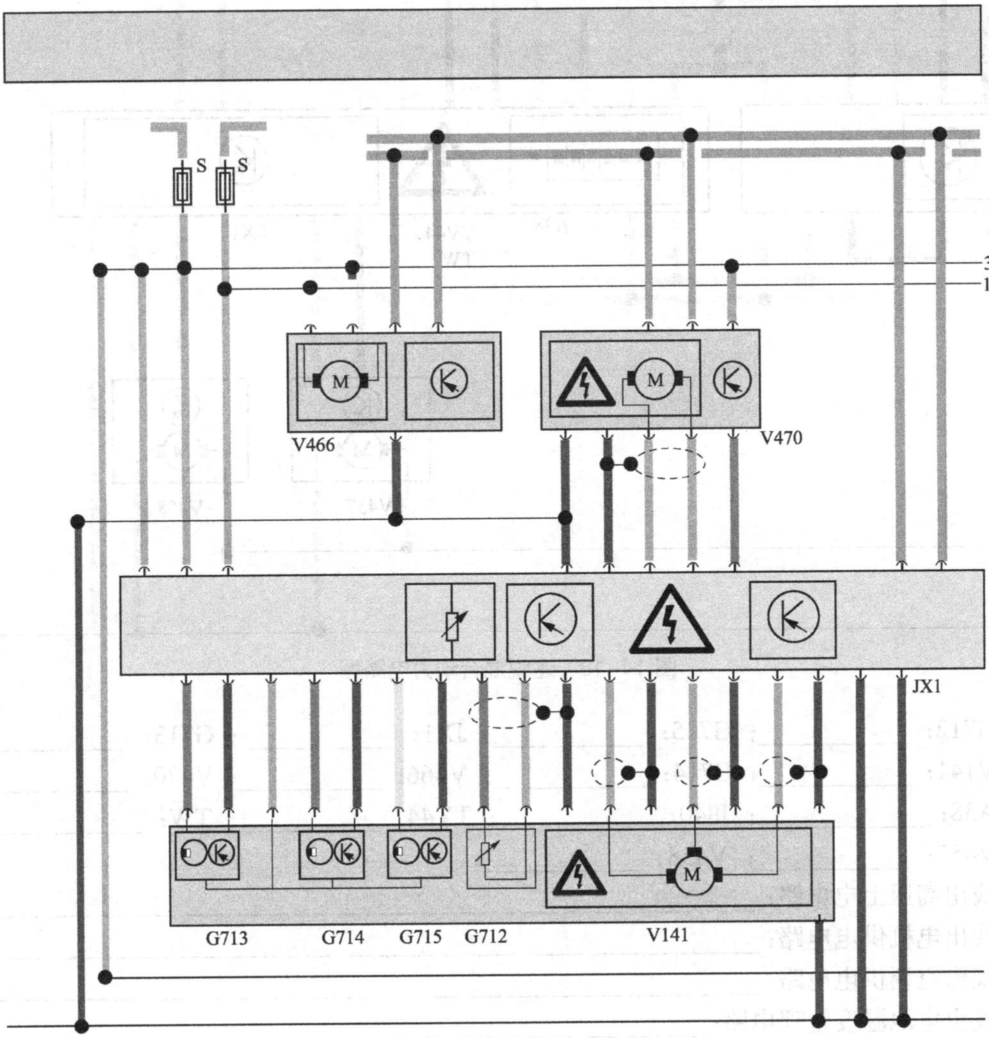

图 14-17 途锐混合动力电路图

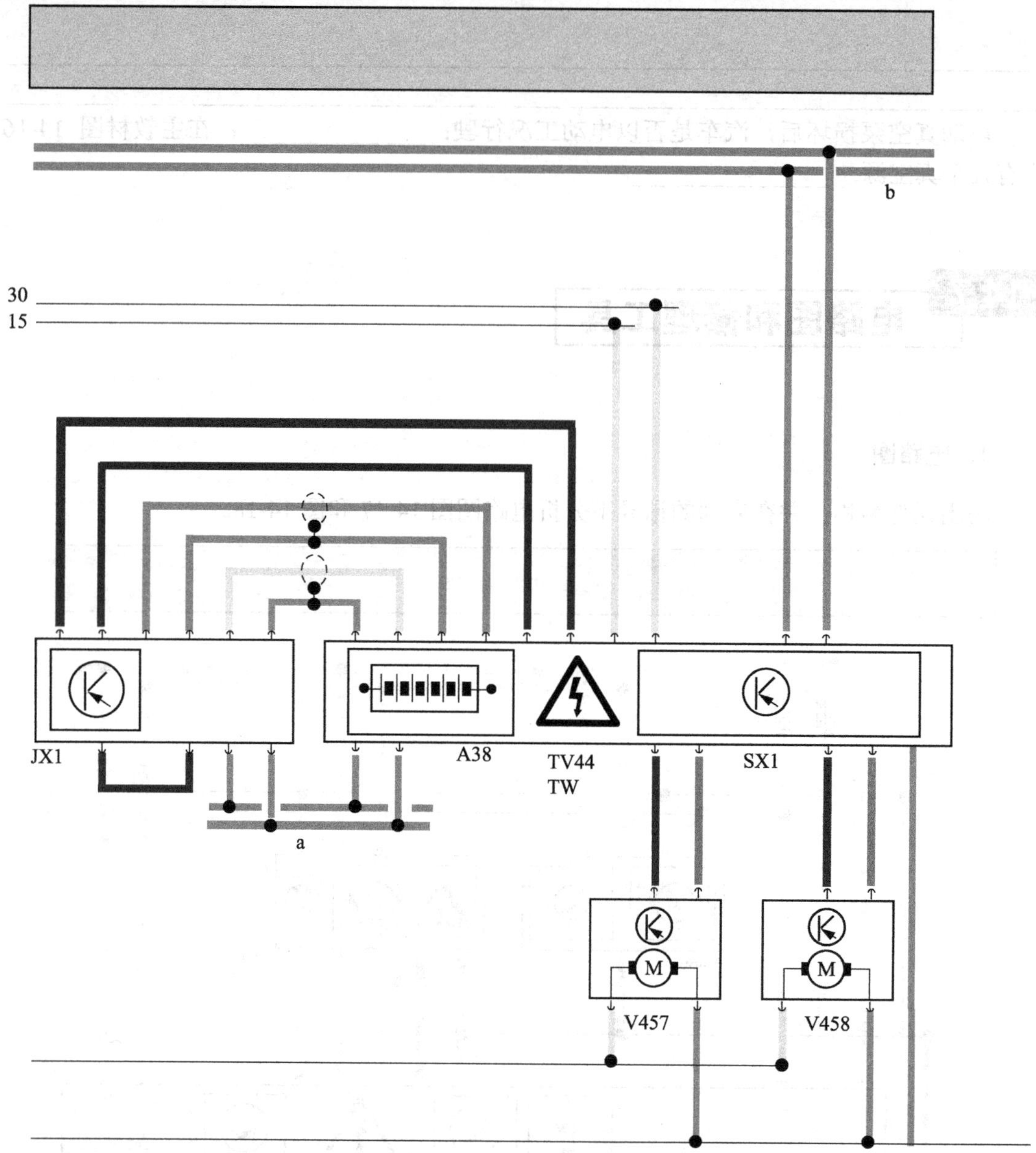

图 14–18　途锐混合动力电路图

G712：__________；G715：__________；JX1：__________；G713：__________；
V141：__________；G714：__________；V466：__________；V470：__________；
A38：__________；J840：__________；TV44：__________；TW：__________；
V457：__________；V458：__________。
找出高压上电电路：____________________
找出电机供电电路：____________________
找出空调供电电路：____________________
找出电池温度管理电路：____________________

2．专用工具

写出专用工具的应用：

名　称	工　具	应　用
VAS 6558	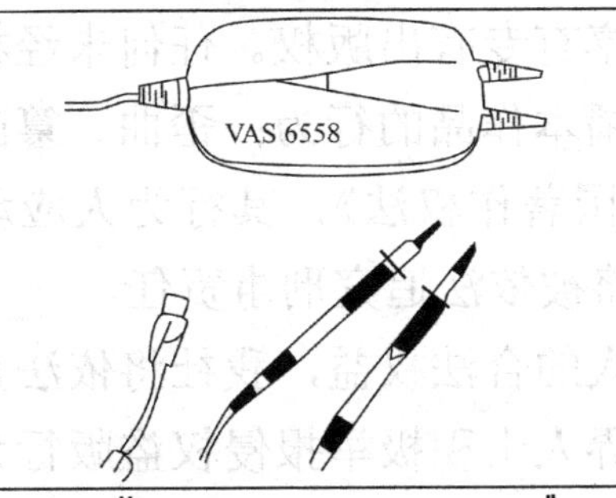	
VAS 6558/1-1 VAS 6558/1-2 VAS 6558/1-3	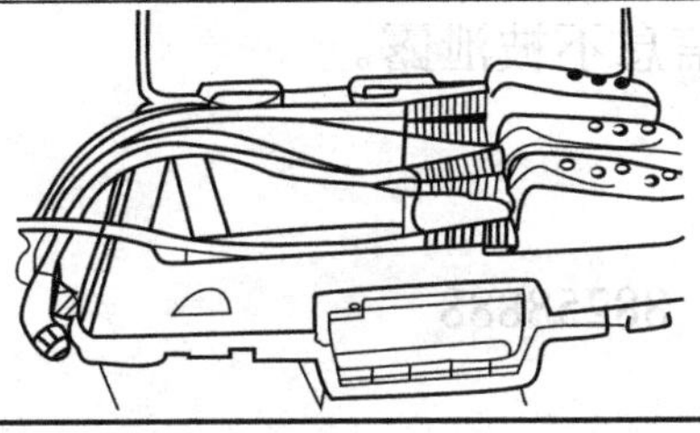	

反侵权盗版声明

举报电话：（010）88254396；（010）88258888

传　　真：（010）88254397

E-mail:　dbqq@phei.com.cn

通信地址：北京市万寿路 173 信箱

电子工业出版社总编办公室

邮　　编：100036